期刊编辑实务

鲁玉玲　著

九州出版社 JIUZHOUPRESS｜全国百佳图书出版单位

图书在版编目（CIP）数据

期刊编辑实务 / 鲁玉玲著. —— 北京：九州出版社，
2018.8

ISBN 978-7-5108-7449-9

Ⅰ.①期… Ⅱ.①鲁… Ⅲ.①期刊编辑
Ⅳ.①G237.5

中国版本图书馆CIP数据核字(2018)第199372号

期刊编辑实务

作　　者	鲁玉玲　著
出版发行	九州出版社
地　　址	北京市西城区阜外大街甲35号（100037）
发行电话	(010)68992190/3/5/6
网　　址	www.jiuzhoupress.com
电子信箱	jiuzhou@jiuzhoupress.com
印　　刷	廊坊市海涛印刷有限公司
开　　本	710毫米×1000毫米　　16开
印　　张	18
字　　数	260千字
版　　次	2018年9月第1版
印　　次	2022年8月第2次印刷
书　　号	978-7-5108-7449-9
定　　价	68.00元

★ 版权所有　侵权必究 ★

目　录

第一章　期刊编辑概述

第一节　期刊

一、期刊和杂志

"期刊"一词来自英文，是英文 Journal 的中文翻译，而 Journal 一词又产生于 Magazine（杂志），Magazine 则起源于含有"仓库"意思的"Makhazin"。如今的 Magazine 依旧用来指盛放武器、弹药等的军火库。Magazine 从军火库引申而有了知识库的意思。既然称为"库"，自然就涵盖了很多内容，所以知识库中就包含了诸如天文、地理、军事、科技、宗教、语言、文学、艺术等各种知识。Magazine 既然可以用来指称"知识库"，那么，进一步用来指称杂志就非常容易理解了，这是由于杂志中就涵盖了门类繁多的知识，恰似一个知识库。

有关期刊，可以从权威性词典和政府文件的三种说法中得到具体理解：

第一，期刊也叫"杂志"，为定期或不定期的连续出版物。（参见 1989 年版《辞海》）。

第二，所谓期刊，即是定期出版的刊物，如周刊、月刊、季刊等（见1978 年版《现代汉语词典》）。

第三，所谓期刊，指的是拥有固定的名称，按照一定的顺序进行编号，并按照固定周期出版的成册连续出版物（参见原新闻出版总署 2005 年 9 月30 日公布的《期刊出版管理规定》第二条）。

上面的三种说法除了繁简不相同外，还有一点非常值得关注的比较明显的不同，就是期刊到底算不算定期出版物。《现代汉语词典》认为只有定期出版物才是期刊；《辞海》则认为"定期或不定期的连续出版物"都是期刊。《期刊出版管理规定》认为期刊是按一定周期出版的出版物，亦即期刊专指定期出版物。

另外，《辞海》在将"期刊"界定为"定期或不定期连续出版物"之前，首先指出期刊"又名'杂志'"，也就是说，《辞海》将"期刊"完全等同于"杂志"了，和另外两种说法有明显的差异。这样看来，《辞海》正是从"期刊"和"杂志"完全相同的认识基础上，才做出了"定期或不定期的连续出版物"这种界定的。

虽然将"期刊"和"杂志"作为同义词使用的情况非常普遍，但是，也有人认为期刊和杂志相比，前者的内涵大于后者，后者只是前者的一种，而前者还包括其他定期出版的连续出版物。可是，也有人持完全相反的意见，认为杂志的内涵比期刊的要大，其理由是：期刊只是定期出版的连续出版物，而杂志不仅指定期出版的连续出版物，还包括不定期出版的连续出版物。

在西方，也有相似的情况：有的将期刊看作学术性刊物的总称，而将杂志看作大众化、综合性刊物的总称；也有的将期刊看作比杂志更加宽泛的概念，认为杂志是期刊的一种。同样也是莫衷一是。

中外的情况都表明，为期刊下定义并不是一个简单的事情。

笼统地将"期刊"和"杂志"看成是同义词，当然能让问题简化，而且也比较符合普通大众的认识和管理部门的观点。但从科学的角度分析，却不一定是可取的，因为，如果这样，人们就没有必要长期反复使用两个词来表达同一个概念了。因此，称这类连续出版物为"杂志"的，正如旧版的《辞海》所界定的："发表众多作者之著述之刊物"，这是针对它内容的杂来这样界定的，认为只要符合这一点，就可以称之为杂志。所以，杂志应当既包括定期出版的连续出版物，也包括不定期出版的连续出版物。而被称为"期刊"的出版物，则应是指"定期出版的连续出版物"，也就是说它是指有固定周期的刊物。就像《现代汉语词典》所界定的：期刊是指"定期出版的刊物"，也如《期刊出版管理规定》第二条所指称的，期刊是"按一定周期出版的成册连续出版物"，而不应该包含不定期出版的杂志。

内容杂和定期出版，前者是就其内容特点而言的，而后者是就其出版方式特点而言的。但若两相权衡，和出版方式的特点相比较，内容特点无疑更拥有反映它内在本质的意义，也就更为重要。这样看起来，称这种出版物为"杂志"就比称其为"期刊"似乎更恰当一些，更何况这类出版物无论是定期的还是不定期的，其编辑活动的本质规律也并无根本不同。但是，现在人们已习惯于称这类出版物为期刊而不习惯于称之为杂志了。

二、期刊的主要特征与概念界定

上面有关期刊与杂志异同的讨论，让我们对期刊有了一个大概的认识。但要真正回答什么是期刊的问题，还需要讨论期刊的主要特征，依据其特征做出对它的定义。笔者根据自己的认识，将期刊的主要特征总结为如下几点：

第一，它是连续性出版物。这一特征主要通过两点来体现：一是名称固定，保持不变；二是按照一定的顺序进行编号，这个顺序既可以是卷、期，也可以是年、月、日等。

第二，它是定期出版的。这是指期刊的各期之间的出版间隔时间是固定的。可以根据出刊周期的不同将期刊分为季刊、双月刊、月刊、半月刊、旬刊、周刊等，这说明期刊各期之间的间隔时间有长短之别。比方说，季刊指的是每个季度出版一期的期刊，双月刊则是指每两个月出版一期的期刊，月刊指的是每月出版一期的期刊等。而不定期出版的刊物，由于不具备这个特征，所以不应包含在期刊之中。

第三，期刊的篇幅是相对固定的，其出版方式是装订成册进行出版。中国期刊的篇幅都是固定的，中途即使有变化，但在变化之后，也会以变化之后的形式进一步固定下来。另外，期刊的开本和版式风格等也很少有变化，具有相对的固定性。当然，也不排除少数期刊会有变动，所以说是具有相对的固定性。国外期刊的情况也大体如此。它们即便每期的篇幅不是完全固定的，但也是大体固定的，所以，仍然可以看作具有相对的固定性。

期刊都是装订成册的，尽管也有例外，但这种例外情况非常少。另外，期刊大多都是平装成册的。

第四，期刊一般都是遵循一定的方针进行编辑的。期刊的每一期看似都是独立出版和发行的，但每一期之间并非没有关联，联系每一期期刊的是共同的编辑方针，这也是期刊连续性出版物的内在体现，而外在的体现则是共同的刊名。

当然，有的期刊中途也会变更编辑方针，可我们不能就此而否定期刊的这一特征。这是因为，其一，中途变更编辑方针的期刊只占很少的数量。其二，有的期刊即便在中途变更了自己的编辑方针，但一般也只是局部的变化，完全变更的情况基本不会发生。其三，即使是变更了编辑方针的期刊，它也会在变更后的很长一段时间里，遵循新的编辑方针进行编辑。

第五，期刊内容拥有多样性的特征，其作者也是众多的。期刊内容的多样性可以从以下几个方面得到体现：每一个期刊所刊发的稿件都不会是一篇，而是很多篇，这些稿件各不相同，具有多样性；每一个期刊所刊发稿件的主题不同、题材不同、观点也不同，具有主题、题材、观点等的多样性；所刊发文章的篇幅长短不同，在篇幅方面也体现出多样性特征。

期刊虽然拥有内容的多样性的特征，但却并不表明期刊就是一盘散沙，它的这种内容多样性是统一在共同的编辑方针之下的。也就是说，其内容多样，但由共同的编辑方针相连；而期刊统一的编辑方针又要通过期刊内容的多样性来体现。这两种特征既相互制约又相互促进。期刊内容的多样性特征，还体现在组成期刊的稿件是由很多不同的作者撰写的。

第六，期刊刊出内容相对及时。期刊和图书相比，其出版周期短，刊载稿件的速度快、数量多、内容新，发行与影响面广。

通过期刊的上述特征，我们可以尝试为期刊做如下定义：期刊是一种定期出版的连续出版物，它按一定的方针编辑，刊登众多作者多样内容的稿件，并以固定刊名、相对固定的形式顺序编号、成册出版。

三、期刊和书籍、报纸

期刊和书籍、报纸，是纸质出版物的三种最主要形式。它们之间有很多共性，又各有特点。对期刊与书籍、报纸的特点和主要不同的地方进行分析和比较，不仅有助于我们认识期刊，也有助于我们加深对期刊定义的理解和掌握。

笔者认为，期刊和书籍主要有以下几点不同。

第一，期刊是连续性出版物，每一期期刊既是独立的存在，又是非独立的存在。说它独立，是因为每一期期刊均自行成册，能够单独出版和发行；说它不独立，是因为它从内容、刊名到编号等都具有连续性。而每一种书籍则都是独立存在的，即使是丛书等系列书籍也基本如此，和期刊连续出版物的性质有着本质不同。

第二，期刊是定期出版的，书籍的出版则是随机的。

第三，期刊的时效性比书籍要强，因此，期刊的内容结合现实情况常常比书籍更为密切。一期期刊的最佳时效期是其出版后到下一期出版时这段时间，过了这段时间，这期期刊就成为过期刊物了。书籍虽然也要结合现实情况，可常常只是要求结合一个较长时期的现实情况。和期刊相比，书籍具有更加稳定的特点，而且其时效性也更长，所以也就具备了强于期刊的文化积累功能。

第四，期刊是由许多作者写的内容不同的稿件，按一定的编辑方针编辑成册的，其内容有多样性的特征，而书籍则往往是自始至终围绕一个主题展开讨论，它因其内容的完整性而自成一个单一的系统。即使是论文集、小说集、散文集、童话集和诗集等由不同内容的稿件编成的书籍，也还主要是因其本身的完整性而成为系统的。

第五，和书籍相比，期刊的文体更加多样。即便是有关自然科学的学术期刊，其稿件的文体也可包括论说、叙述等；文学期刊的文体则更加宽泛：小说、剧本、散文、诗歌等应有尽有。而书籍则大多都是一本书只有一种文体。

上面分析的是期刊和书籍的不同，期刊和报纸的不同也是显而易见的。

第一，作为都是定期连续性出版物的期刊与报纸，它们之间最大的区别在于，报纸以刊发和传播新闻为主，而期刊则以刊发和传播论述类、教育类、娱乐类等稿件和内容为主。就算是时事类的期刊，也不像报纸那样以报道新闻为主，其重点在于进行新闻综述和新闻分析等。报纸虽然也刊登文章，可报纸假如只有新闻、消息而没有言论、文章，仍然是报纸，而期刊假如只有新闻、消息却没有言论、文章，那就称不上是期刊了。

第二，作为定期出版物，一般来说，期刊出版周期要长于报纸。最具代表性的报纸是每天刊出的日报。期刊则一般包括周刊、旬刊、半月刊、月刊、双月刊、季刊等。国外有的规定刊期是一周以上的才能称为期刊，还有的认为刊期三天以上的也可算作期刊。这就表明，期刊的刊期要在三天或一周以上，而不可能像报纸那样有日刊。

第三，由于报纸的刊期比较短，而期刊的刊期比较长，再加上报纸主要报道新闻，所以，报纸的时间性要比期刊更强，时效性也要比期刊短，比如，日报的最佳时效期就是出版的当天，过去出版的那天，其时效性就没有了。因为报纸的时间性比期刊强、时效性比期刊短，所以，报纸刊登的文章和期刊相比，结合现实就要更为密切。

第四，一般来说，期刊是装订成册出版的，而报纸是以散张的形式出版的，并且报纸的开张也要大于期刊的开本。一般情况下，报纸大都是对开张或 4 开张，很少有小于 8 开张的，而期刊则多为国际大 16 开本、16 开本、32 开本等，很少有大于 8 开本的。

上面所论及的期刊与书籍、报纸的差异，是根据它们表现出的主要特征来说的。如果从期刊、书籍和报纸各自的任务、作用等方面去深入探讨，还可以列举出它们另外的一些差异。这里就不赘述了。

第二节 期刊的种类

一、期刊分类的意义

期刊分类的原因在于期刊数量的不断增加，只有当期刊数量发展到一定程度、有了各种类别的期刊时，才会有期刊分类的出现，这也是期刊编辑学研究的需要。

根据期刊的共性和特点，把它们分门别类地区分开，从而掌握其中的规律，更好地把期刊办好，使其发挥更大的作用，产生更大的社会影响，这就是我们对期刊进行分类的意义所在。

一方面，对事物的分类总是动态的，因为人们对事物的认识一直是发展变化的，对事物的认识越全面、越深入，分类就会越准确、越深刻。另一方面，事物一般都是复杂多变的，并不是由单一的方面构成，因而分类的时候往往会因为着力点不同而出现差异，导致对同一些事物也会有不同的分类方法。

即便是按照科学的方法进行分类，分类后的各类别之间也不可能就没有关联、泾渭分明。所以，我们既要按照科学的方法进行分类，使研究更加科学化，又不能将分类绝对化。事实上，对事物进行分类后，各类之间还是有关联乃至有交叉的。

分类的一般规律，也适用于期刊。所以，针对期刊分类，也有各种各样的方法。例如从期刊管理的角度入手，可以将其分为公开发行的期刊与内刊两种。公开发行的期刊，指的是经过国家广播电视总局批准、取得了 CN 号和 ISSN 号的期刊；而内部发行的期刊，也就是内刊，只需取得地方广电部门的准印证就可以了。这种分类是从管理角度出发的，从编辑学研究的角度分析，意义就不太大了。笔者在此要讨论的分类方法，主要是从研究期刊的角度出发的。

从研究期刊的角度出发，既可以从期刊的形式着眼进行分类，也可以从期刊的内容着眼进行分类。

二、按照形式进行分类

按照形式进行的分类，是从期刊外在的特点和共性出发进行的分类。这种分类方法只涉及期刊外在的形式，不涉及其内容。因此，这种分类，一般来说只能算是初级的分类。然而，尽管它初级，却不仅方便，还很容易让人理解。另外，它对研究期刊也是有意义的，因为，形式并非是完全游离于内容之外而孤立存在的，它往往也是由内容决定的。

按形式进行的分类，主要包括下面三种。

第一，按照期刊的篇幅进行分类。主要分为大型期刊、中型期刊与小型期刊。大型期刊。指的是篇幅较多的期刊；中型期刊、小型期刊，是指篇幅中等和较少的期刊。篇幅多少，并没有明确的界定，但人们心目中会有一个约定俗成的标准。比如，我们经常会把《当代》《十月》等称为大型文艺期刊，而把《山东文学》等称为中型文艺期刊，把《山西青年》等称为小型刊物。大、中、小的区分，并不表明期刊质量的高低。

第二，按照开本大小进行分类。主要包括国际大 16 开、大 16 开、16 开、大 32 开、32 开等。一般来说，开本和刊型之间往往是有关联的：大型期刊一般会采用国际大 16 开、16 开等大开本，而小型期刊一般则会采用 32

开本。

第三，按照刊期进行分类。刊期指的是出版周期，根据刊期的不同可以将期刊分为季刊、双月刊、月刊、半月刊、旬刊、周刊等。

三、根据内容进行分类

与从形式着眼进行的分类相比，根据内容进行的分类更为科学。因为内容往往涉及期刊的本质，这也就使这种分类方法具有了更高的价值。

按照内容进行的分类，方法也非常多，笔者在这里列举以下三种。

（一）根据读者群的不同进行分类

读者群不同，对期刊内容的要求也往往不同。因此，按读者群对期刊进行分类对编辑工作意义重大。

每个读者群的属性不是单一的，而是多重的，所以，从其不同属性可以对其做多种分类。一般比较常用的分类属性，主要包括性别、年龄、职业等，而且，这些分类属性之间也往往会互相交叉。

按读者群的性别对期刊进行分类，可以将其分为男性期刊和女性期刊。女性期刊发源比较早，早在18世纪的英国，就有了《淑女使者》等女性期刊。主要原因在于当时的英国工业革命在创造了巨大社会财富的同时也使女性有了很多的阅读时间。中国的女性期刊产生也比较早，《妇女杂志》创刊于20世纪20至30年代。

事实上，尽管是按性别分类，早期却并没有特别地划出男性期刊。但是，随着社会的发展，近些年已出版了专门以男性为阅读群体的期刊。比如，《时尚先生》《男人装》《型男志》等就是专门针对男性的时尚期刊。

按读者群的年龄进行分类，以往主要分为青年期刊与少儿期刊，不管是我国还是其他国家都是这样。原因可能在于青少年代表未来，因此对他们比较重视，特意为他们出版很多期刊。另外一个重要原因还在于，青少年正是渴求知识的关键期，有根本性的需求。

近年来，随着老龄化时代的到来，国内又出现了很多专门针对老年群体的期刊，如《中国老年》《当代老年》《老年生活》《老年春秋》《中华老龄杂志》等。

按读者群的职业进行分类，有面向工人的期刊、面向农民的期刊、面向企业家的期刊、面向知识分子的期刊等。

（二）根据内容层次进行分类

一般来说，不同文化层次的读者群会阅读不同内容层次的期刊，按照内容层次对期刊进行分类就是基于这一点。但是，某一文化层次的读者也可能阅读另外层次的期刊，所以读者群和期刊之间也并不是严格隔离和完全吻合的。

按照期刊内容层次，一般可以把期刊分为高级期刊、一般期刊、通俗期刊三类。

一般来说，高级期刊常常指学术性期刊，其读者群主要为高级知识分子。就中国现在的期刊而言，像《山东社会科学》《文史哲》《编辑之友》《编辑学报》《北京大学学报》等，都可归入此类。

通俗期刊，一般是面向大众的普及性期刊，如《故事会》《大众电影》《科学画报》《健康之路》等都可算作此类期刊。西方的通俗性期刊，实际还包括了庸俗性期刊，甚至 Yellow Journalism——黄色期刊等也包括在内，这在我国是禁止的。

一般期刊主要指内容既不高级，也不通俗的期刊。

（三）根据期刊内容的性质进行分类

据此，可以将期刊分为综合性期刊和专门性期刊。

综合性期刊指的是内容涵盖面较广的期刊。事实上，所谓的综合和专门，是一种相对的说法，综合性期刊综合范围的大小，以及专门性期刊专的程度，都是相对的。例如学术性期刊相对于综合性期刊，应划归专门性期刊，但学术性期刊，又可涵盖文学、历史、文化、经济、哲学、政治等，相对于只刊登文学的期刊，它又应该是综合性期刊，因此，出现了所谓"综合性学术期刊"之类的说法，从而使综合性、专门性两类期刊的界限不是那么分明了。这种情况，不仅存在于学术性期刊，文艺性期刊等其他类型的期刊中也存在，可谓是综合性中有专门性，专门性中又有综合性。

专门性期刊可以指不同性质的专。如前面所分析的，根据读者群年龄、职业、性别等分类的期刊，也是专门性期刊。但，笔者这里特指的是内容的专，主要包括如专门刊登某学科、某一体裁、某个方面文章的期刊。专门性期刊中非常重要的一种期刊即是专业性期刊，它是有关某一专业、某一学科的期刊。

由于各种学科分支越来越细，并且新学科也在一直涌现，所以，专门性期刊增加得非常快。

根据期刊内容的性质进行分类，还可以将期刊分为自然科学期刊和社会科学期刊两大类，或者将期刊分为学术性期刊、知识性期刊、生活娱乐性期刊、文学艺术性期刊等。

第三节 编辑

一、编辑

（一）编辑有关概念的界定

编辑既可以是一种职业行为，也可以用来指称职业身份。编辑作为一种职业行为，也就是对文章或书籍等进行编写。而作为一种职业身份，编辑则是指从事此项工作的人，其对应的英文词汇为 Editor。这里笔者要探讨的主要是作为职业身份的编辑。

作为职业身份的编辑一般包括两种：文字编辑和美术编辑（简称美编）。文字编辑是负责文字工作的编辑人员。文字编辑不仅要负责文章或书籍的框架结构、语言规范等，还要负责审核文章或书籍的选题、内容、学术性及学术真伪、实践和理论价值等。根据文字编辑所擅长或负责的专业差异，可以将其进一步分为文学、数学、哲学、经济学、生物学、物理学、政治学、地理学等学科方向的编辑。美术编辑简称美编，指的是利用美术技法，按照视觉规律，对信息元素进行整理和优化的编辑人员。

（二）发展脉络

编辑工作的发展水平，不仅反映精神文明生产的成果，而且要受物质生产水平的制约。也就是说，编辑工作的发展和记载文字的材料、图书生产手段以及出版物的发行方法有关。

根据考古学的发现，我国最早记录文献的物质材料是甲骨、玉版等，当时人们记录文字的目的只是为了保存历史档案。据实物资料显示，这个阶段从殷商时代开始，持续到西周后期，时间持续 1000 多年。

西周后期，竹简出现，也促使编辑工作发展到第二个新阶段。当时的统治者为了巩固自己的政治地位，试图寻求作为统治者助手的知识阶层——士的帮助，出现了一批教育士的大师，孔子即其中之一。他根据以往的历史档案，编成了几种教育士的书籍，这样，文献档案第一次具有了传播知识的功能，也第一次出现了书籍的编辑工作。基于此，可以认为孔子是我国历史上最伟大的编辑家，理应称为编辑之祖。由于简册比较笨重，有人就建议用缣帛替代竹简来记录文字。缣帛用于抄书大约到西汉以后，这是由当时的生产力水平决定的。帛书的普及，为宫廷批量藏书提供了可能。刘向父子即为皇家书库长时间校书，刘向在校书过程中整理出的《战国策书录》其实就是一份非常好的编辑报告。竹简和缣帛记录文字的时间也是持续了 1000 多年，这个阶段是编辑工作的奠基时期。

用纸张替代竹简和缣帛，则开启了编辑工作发展的第三个阶段。东汉后期已经发明了纸张，至西晋开始规模性使用，书籍的编纂、复制和发行开始变得容易起来。这个阶段从西晋至今，也已经有 1000 多年的历史了。而这个阶段又可以根据书籍生产、复制和发行方式的不同，分为手抄、手工印刷和机器印刷三个时期。手抄时期从西晋持续到北宋初年，书籍以卷轴形式出现。当时的编辑工作已经有了组织性和计划性，编辑机构的规模也很庞大。但庞大规模的编辑机构其实不是固定的，只是为某一本书而临时凑集，因此，编辑工作在那时候还不是一个专门的职业。手工印刷时期起自北宋初年，持续到清朝末年。这个时期，雕版印刷已经普及，并出现了私人出版业，编辑工作也成为出版业一个不可或缺的重要环节，三审三校制度也建立起来。19世纪西方印刷术传入我国，开启了机器印刷的新时期。此时，出版物的复制量以千万计，成了发行面很广的商品，这样，编辑工作中的选题、组稿、审稿等环节已经开始成为决定出版机构兴衰的重要环节。机器印刷使出版周期缩短，于是期刊、报纸等应运而生，编辑业务也更加丰富起来。而广播、电视等的出现，又催生了新的编辑工作者，他们从事着不同于书刊编辑的新的编辑业务。随着信息技术的迅猛发展，互联网技术改变了以往信息传播的基本格局，形成了多媒体的传播形式，网络传播已经深入到社会生活的方方面面，纸书时代已经到了晚期，编辑工作的第四次飞跃也愈加明朗起来。

二、期刊编辑需要加强的独家意识和审美意识

近些年，国内期刊如雨后春笋般出现，令人目不暇接。在"琳琅满目、五彩缤纷"的表象下，存在着激烈的市场竞争。如何使期刊在激烈的竞争环境中更好地生存和发展，对期刊编辑来说意义重大，任务难度也在增加。在此种形势下，期刊编辑不仅需要拥有政治意识、发展意识、责任意识，还需要加强独家意识和审美意识。

（一）独家意识

这种"独家"意识反映在期刊中，突出表现为强化期刊编辑专题策划的意识。好的期刊都有自己的专题策划，做好专题策划意义重大。对编辑来说，要想使自家期刊脱颖而出，做好独家专题策划至关重要，这要求编辑必须能做到以下几点：

1. 独具慧眼——寻求独家视角。由于信息来源基本相近，使得相关期刊内容同质化程度日益严重，难有新意。在这种情况下，寻求独家视角变得很重要。这需要编辑独具慧眼，善于对已有的事实材料进行发散思维或逆向思维，从不同角度切入、换位思考，开辟新的视角进行策划，在"独到"上高

人一筹。

对同一事件，从哪个视角把握最合适？这是编辑首先需要思考的问题。因为在策划中，一个新颖的视角往往有出奇制胜的功效。寻求独家视角，首先要寻找视角的可行性。一个事件或现象，特别是一些重大、典型的事件或现象，内涵丰富，对其把握如看庐山，"远近高低各不同"，哪个角度的"庐山"最美，最能反映其形态特征乃至本质？哪个角度是常人最易观察到的，哪个角度又非一般人所能达到的？编辑应从不同角度切入、思考，选取他人没有或不易观察到的角度，展示给读者一个全新的"庐山"。其次，要运用"第一思维否定法"寻求新视角。"第一思维否定法"即否定对某一事件的第一想法，多方开动脑筋，发散思维或逆向思维，由此产生第二、第三、第四等多种想法，形成多种方案。最后确定视角，比较各方案的优劣，从中选取最有价值、最能打动读者的视角进行独家策划，使策划高出一筹。

2. 深入挖掘——以独家观点征服读者。可以说，读者对期刊的期盼还是在于期刊的观点。读者期望从期刊中获得有价值，有深度，对自己有启发、有影响的观点，并认同、肯定其中的观点。国内几家普遍受到读者好评的期刊如《新周刊》《瞭望东方周刊》《三联生活周刊》《南方人物周刊》等，几乎每期都有一些独家报道的有价值的认识和观点，保证刊物的质量和品位。因此编辑应努力使独家观点在"深入"上胜人一筹。生活类期刊如此，学术性期刊也不例外。《文史哲》杂志之所以几十年一直在学术期刊之林中熠熠生辉，也和它独特的选题策划分不开。

有独特的视角，策划不一定会深刻独到，一个重要原因在于：立意不深。编辑只有"会当凌绝顶"，并对事件深入思考，才能"一览众山小"，才能抓住事件的本质核心、立意灵魂。对于同一选题，谁的观点独到、立意深刻、表达生动，谁就是高质量的策划，那些读者喜爱、期望值高的期刊，正是有独家观点，并能在观点上吸引征服读者的期刊。因此，编辑应在高屋建瓴的同时"化平淡为神奇"，从平常的事件中发掘深意，看出奇崛，匠心独运体现立意。在深入挖掘的同时注意由此及彼的开放性，窥斑见豹的典型性，发人思考的引导性。当然，编辑个人的力量毕竟有限，还需要大家共同商讨、交流和碰撞，才能对选题从多角度、多层次展开分析，才能触及事件的本质，发掘那些真正有价值、有深度的东西。

3.创意整合——进行独家信息整合报道。鉴于报纸对事件报道的零散性，期刊编辑可通过将已有的信息资料甚至淹没已久的历史资料调出，加以有创意的组合、编排、评述，在丰厚的背景材料下加上分析性、评述性、立体性的深入报道，形成别具特色的独家报道大餐，增强策划的丰富性和可读性。

（二）审美意识

对于期刊编辑来讲，审美意识突出表现在对期刊内在美、形式美的感受和表达，把对美的感悟认识、美的元素反映在期刊中，使之图文并茂、赏心悦目。加强审美意识，不仅是对美术编辑的要求，也是对文字编辑的要求。1981年《今日美国》的创刊宣告了"读图时代"的诞生。发展到今天，图片的地位日益重要。然而，一些期刊编辑由于长期受"文为主、图为辅"办刊理念的影响，重文轻图，使得图片质量不高，图文搭配缺乏统一安排和精心策划。因此对期刊编辑来讲，要重视图文配置，强化审美意识。

1.发挥封面效应，快速抢夺读者注意力。封面是期刊形象的硬件。一个能在三步五秒内抢夺读者注意力，引发读者翻看、阅读欲望的封面，是增强期刊竞争力的砝码。因此期刊编辑应强化封面意识，精心打造期刊的"脸面"。

首先要与期刊内容相契合，贴近期刊的性质特征，体现期刊风格。其次要注重构成封面各元素的整体协调，使之醒目大气、重点突出、有层次感，避免繁杂花哨。试想，抢眼鲜亮的图片合理搭配简明醒目的导读，用图片的视觉冲击力吸引读者、用导读的有效信息提示抓住读者，会为封面赢得强势吸引力。再者要符合读者审美心理，体现先进文化特征，使封面融思想性、艺术性、观赏性于一体，给读者美感与激情、力量与信念，快速抢夺读者注意力。

2. 注重内文的配图，做到图文并茂、相得益彰。与纯粹的文字相比，图片最大的特点是直观力强、诠释力强，通过直观形象，可诉诸人更多感情。因此期刊编辑应注重内文配图，使之图文并茂、相得益彰。

首先要图文合理搭配、相得益彰。图片是为文章服务的，图片的选用在增强版面美感、灵活性的同时，还应准确恰当地反映文章的内容，借其直观形象，强化文章的寓意主旨。国外一些期刊如美国的《新闻周刊》、德国的《明镜》等，对图片的运用不仅多而且讲究，常有画龙点睛之效，值得我们学习。再则要使版式设计体现编辑的审美趣味、办刊理念。通过栏目的设置、图文巧妙合理地搭配，把刊物的意蕴，编辑的思想、审美意识充分挖掘展示出来，在有限的版面中展现无限的内容。

总之，期刊编辑要不断加强自己的审美意识，使期刊的封面设计和版式设计与国际先进水平接轨，提高期刊的质量和市场竞争力。

三、编辑与作者的关系

编辑和作者，一个是文献的创作者，一个是文献的传播和管理者，两者之间可谓互为依存，缺一不可。理顺两者之间的关系，对于提高刊物质量、完成信息传播，至关重要。

（一）充分尊重作者的劳动

作为编辑，一定要认识到，无论稿件水平如何，都渗透着作者的心血，都是他们辛勤付出的结果，因此，必须认真对待作者的每一篇稿件，决不能无故拖延、积压、丢失稿件，要以高度负责的态度认真编辑，充分尊重作者的劳动。

（二）理解作者的心理

每一个作者都期待自己的稿件能被刊用，这是很正常的心理。可是，目前稿件多、期刊少的矛盾又决定了不可能每一篇稿件都能刊发，导致个别作者产生这样那样的想法。有的作者觉得自身的稿件立意新颖、质量高，理应早一点被刊用，表现出自负心理；有的作者因为急于评职称或结题，希望自己的稿件早日被刊发，表现出急躁心理；有的年轻作者，自认学术水平不高，从而产生胆怯心理。作为编辑，要了解每一类作者的心理活动，并针对性地与他们进行沟通和交流，让作者充分了解期刊编辑流程，理解编辑工作。同时，编辑工作在讲原则的前提下，也要有灵活性，要考虑部分作者的特殊需要，能尽快处理的就尽可能尽快处理，力求做到相互理解与支持。

（三）虚心向作者学习

一般情况下，每一个作者都对某一个领域或方面有专门研究，有的甚至达到了较高水平，而编辑却不可能是每一个领域或方面的专家，而只能是一个杂家。所以，面对不同领域的作者，编辑应该虚心向他们请教和学习，这也是编辑提高自身素质和专业素养的非常重要的途径。

（四）帮助作者提升写作水平

编辑应善于发现和培养作者队伍。可以说，每一个已经成名的专家、学者，最初都离不开编辑的热心帮助和提携，尤其是在写作技巧和文字功底方面。一篇稿件对作者来说是成稿，可对编辑来说只能是半成品。编辑在有关专家评审之后，对稿件在学术和文字方面的再加工实际上是作者写作的继续。原稿经过编辑的修改和加工，在原来的基础上，质量会有新的提高；而编辑在修改和加工稿件的过程中难免和作者沟通和交流，这样不仅可以进一步加深和作者的感情，同时对作者的写作也会有很好的启发。当然，这一切都只能建立在编辑本身强烈的责任心以及较高的文字和学术水平基础上。因此，编辑要树立终身学习的理念，不断更新知识，确保自己始终站在专业和行业发展的前沿。

另外，从作者的角度看，一定要充分认识到：即使自己的学术水平再高，离开了编辑的加工和修改，也不可能正式刊出，所以，一定要理解编辑的工作，充分肯定编辑的重要媒介作用。

由以上的分析可见，编辑与作者只有加深对彼此的理解，相互支持，建立起顺畅和谐的良好关系，才能互惠互利，并最终对我国的文化事业发展和繁荣做出各自的贡献。

第四节　期刊和编辑

一、有编辑才有期刊

期刊需要通过编辑才能刊出，有编辑才有期刊，期刊是不能离开编辑存在的。而此处的编辑，不仅可以指编辑工作，还可以指编辑人员。说有编辑才会有期刊，指的是期刊必须由编辑工作者完成编辑工作后才能刊出。

编辑对一篇篇稿件进行审读、加工修改后，按照栏目设置把它们编辑起来，才可能成为一本期刊。因此，期刊不仅需要作者的劳动，也离不开编辑的审读和加工，是作者和编辑共同的劳动成果。而在这一劳动成果中，作者的劳动是"显"性的，编辑的劳动是"隐"性的。我们在谈及一本期刊时，一般只说它的哪个作者的哪篇文章写得好，而很少会说哪个编辑编辑的哪篇文章好。有人把编辑工作比作"为他人做嫁衣裳"，这一比方是比较准确的。

一件亮丽的"嫁衣裳"，吸引人的首先是它的色彩和质地，人们一般不会想到背后做这件"嫁衣裳"的人。当然，作为编辑，不应该去计较自身在背后的付出，能为作者和读者服务好，能编出让读者满意的文章和期刊，就是对编辑自身最大的回报了。

二、有好编辑，才有好期刊

有编辑，才会有期刊；有好编辑，才会有好期刊。一个期刊的整个编辑和刊出流程都需要编辑来执行。当然，这里所指的编辑，并不是编辑个体，而是期刊社或期刊编辑部的整个编辑群体。有好编辑，才有好期刊，这句话中的编辑，也是指期刊社或期刊编辑部主编带领的整个编辑群体。同样一本期刊，由不同的编辑来办，办出来的效果是不会相同的。

有好编辑才有好期刊这一规律，不仅表现在同一本期刊上，也表现在性质类似的期刊之间。两个期刊的性质大体相同，可是因为编辑不同，期刊的质量也就不会相同。如1930年代的《文学》和《现代》，同是大型文学期刊，影响和质量却完全不同。

有好编辑才有好期刊，这是办刊规律。这一规律不仅表明了编辑与期刊的紧密关系，而且也揭示了要办好刊物必须先选好编辑的真理。当然，期刊与编辑之间是相互影响的关系。编辑影响期刊的同时，期刊也反过来影响编辑，促进编辑的业务能力和专业素养的提升。在编辑期刊的过程中，编辑以往的业务能力和素养在得到体现、作用于期刊的同时，也可以进一步修正、丰富、提升这种能力和素养。

期刊对编辑的影响，是包括各种编辑在内的：不仅包括主编，也包括一般编辑；不仅包括老编辑，也包括新编辑。以笔者自己的经历来说，从事学报编辑工作 18 年来，在见证学报本身的变化和提升之外，自己的编辑能力和其他素养也得到了很大的提高。

第二章　期刊编辑的内容与期刊
的总体编辑构思

第一节　期刊编辑的内容

　　编辑工作是遵循一定的编辑构思，对书稿、文稿、图稿等进行的组织、审读、编选、加工整理等工作。由于这也是本书非常重要的内容，所以此处只做简单介绍，相关内容在第三章中分别进行详述。

一、选题

　　选题是期刊社或期刊编辑部对准备出版的作品的一种设想和构思，它是编辑工作的基础。期刊社或期刊编辑部的选题工作一般包含选题和选题计划两部分内容。期刊社或编辑部制定选题是一个决策过程。对选题质量的高低，可从以下几个方面进行判断：一是预见性（切忌盲目性）；二是开拓性；三是针对性，也就是说要有明确的读者对象，要知道要解决的主要问题是什么、准备达到什么目的等；四是系统性；五是稳定性，也就是说要符合期刊的客观要求，并能反映期刊本身的特性；六是可行性。

二、组稿

组稿指的是根据选题计划，提出明确且具体的写作要求后，选择和组织人员撰写符合选题计划需要的稿件的过程。

组稿和选题关系非常密切：选题是组稿的根据，组稿则是落实选题计划至关重要的一个步骤。选题和组稿工作又可称为前期编辑工作。

组稿的关键在于寻找。这包含三层含义：第一是要在稿件的海洋中挑选出期刊所需要的稿件；第二是要在众多的作者中寻找到能撰写出选题所需要稿件的作者；第三是要在那些默默无闻甚至从没有发表过文章的自然来稿者中发现有发展潜力的作者。

编辑的业务水平是影响组稿效果的最重要因素，编辑只有做到对一个专业或者一个领域胸有成竹，才能做到有的放矢地成功组稿。因此，编辑不能关门办刊，要走出去，向专家请教，向作者学习，多参加相关的学术会议，并多关注相关专业的学术成果。只有这样，才能确保组稿工作的顺利完成。

无论怎样的选题，最终都需要作者来落实，应该说，对稿件质量起决定作用的是作者的水平。如何能挑选到合适的作者至关重要。笔者根据个人经验，认为以下几点可供借鉴：（1）关键稿件一定要选择在领域内有学术影响力的作者来完成。（2）不同类型的稿件，应选择不同类型的作者来完成。（3）一定要注意培养中青年作者，以免作者队伍断档。（4）平时要多和作者沟通，不仅了解作者的研究动态、时间安排状况，也加深和作者之间的感情交流。

三、审读

审读，亦即审查阅读。宋代曾敏行《独醒杂志》卷八记载："祖宗以来，凡军国大事，三省枢密院议定，面奏画旨。差除官吏，宰相以熟状进入画可，始下中书造命，门下审读。或有未当，中书则舍人封缴之。"

审读可谓编辑工作的关键步骤，它直接决定期刊等出版物的质量。

一般的审读工作，常采用三级审稿制度，亦即我们经常说的三审制。三审制指编辑初审、编辑室主任复审、总编终审。一般来说，初审编辑，就是稿件的责编。稿件是否刊用，决定权在总编那里，责任编辑原则上应该服从终审意见和决定。

审稿是决定稿件是否刊用的过程，写得好，刊用；写得不好，弃用。这看起来好像很容易，可真正决定起来却没有这么简单，原因就在于有些稿件，处于可用可不用之间，令编辑左右为难。遇到这样的稿件，就需要编辑的眼光、鉴赏和综合判断能力。编辑是一种创造性劳动，其创造性很大程度上体现在一个"识"字上，只有有了"识"的能力，才能正确审读稿件。有的稿件，乍看可能感觉不太好，但仔细琢磨一下，就可能能发现它的潜在价值，这就需要退改，由编辑提出建设性的修改意见或建议，提供给作者参考。

审稿时，既不能让好稿子流失，也不能误用不好的稿子，还要特别注意识别和对待抄袭的稿件。好在现在有学术不端检测软件，能比较容易鉴定出稿件的抄袭和引用情况。但，这并不是说编辑就可以完全依赖数据库和软件，而应该事先对已发表的同类稿件有基本了解，从而很容易地在比较分析中发现问题，做出判断。

四、加工和整理

加工和整理是审稿过程的延续工作。加工是指针对稿件的框架、内容、文字等进行全面检查；整理是指查对引文、按规范理顺等。加工是在确定稿子要刊用的情况下进行的，因此，它不决定稿件的取舍，可是，它却可以弥补审稿的不完备之处，使稿件更为完善。

对学术性的文章，绝对不能因为作者是名家就轻易相信。事实上，即便是名家写的稿件，一般也不会尽善尽美，也需要编辑对其进行加工和整理。

加工时，要清楚政治性问题是高压线，所以一定要特别注意。一般情况下，有明显政治问题的文章，审稿时比较容易发现，但如果涉及诸如历史、边界等方面的问题，稍微不注意，就会出问题，而这些问题也属于政治层面的问题。如有篇文章，是描述西藏天葬等当地风俗的，在某期刊刊出后，遭到一些藏族人的批评，认为它伤害了西藏人民的宗教感情。如果加工时意识到这一问题，就会设法请教和修改，从而避免这样的问题发生。政治问题复杂而多变，作为编辑，必须关心时事，有较强的政治敏感性。

另外，观点问题、规范问题、文字性问题、逻辑性问题等都需要进行加工。

在加工和整理的过程中，一定要处理好文责自负和编辑加工的关系。二者可谓相辅相成，缺一不可，但，两者之中，"文责自负"处于主导地位。体现在：第一，观点性问题，编辑可以提建议和意见，但终究还是要尊重作者的主张。第二，要根据作者的学术观点、思维习惯和语言风格进行加工，保留作者的风格特点。第三，对文字，要尽量少修改。可改可不改的不改；必须改的，一定要改好。当然，作为作者，一定要认真对待编辑的建议和意见，不能唯我独尊，否则，最终影响的还是自己的稿件质量，最终会导致得不偿失。

五、发稿要达到"齐、清、定"要求

"齐清定发稿制度"，是编辑出版工作长期实践的产物，是 1970 年代根据编辑出版工作的长期实践提出来的比较科学的一种制度。其具体要求包括：第一，齐。"齐"包括两重内容：一是指稿件各部分内容要齐全；二是指编务工作要按照程序有序推进，并有完整的档案记录，以备随时查考之用。第二，清。"清"指文稿和图稿都要清楚。文稿打印或抄写要清晰可辨；图稿要符合制版和规范要求；稿件中如果有外语，其正斜体、大小写等一定要规范正确。总之，要做到稿件规格清，稿面勾改清，文字注释清，时间概念清，数字用法清。第三，定。"定"指交定稿。即发到印刷单位的稿件从内容到形式都不能改动，主要包括 5 项内容：选题定、采用定、质量定、规格定、时间定。

编辑如果要对稿件做大的修改，刊出前一定要征得作者同意，否则，决不能刊印。如果在清样上大修大改，不仅影响期刊的质量，也会干扰出版和刊印的运作秩序，甚至造成不必要的经济损失。

六、校对

在中国古代，校对又被叫作校雠或校勘，也就是审读或核对典籍、订正错误的意思。校对人员也简称为校对。

校对是确保期刊质量的重要一环，很多期刊都配备专职校对人员。

校对也是编辑的工作内容之一。校对人员遇到稿件中的问题，编辑要给予解决。编辑不一定全部参与校对，但需要抽查。因此，编辑必须掌握校对相关知识，包括：能熟练运用校对符号，熟练掌握常用语言文字规范、数字用法，以及印刷字体、字号，掌握排版基础知识等。

校对不是一次性的工作，需要多人、多次校对才能确保期刊质量。一般期刊社采用三校一读校对责任制度。三次校对原则上应该由三人来分别完成，三人中其中的一人是稿件的责任校对。"读"指通读，一般由责编负责（有时需要作者自校，这样就有四次校对）。校对有质量指标，通常用错字率（差错率）表示。

第二节　期刊的选题计划

一、选题计划与期刊

（一）选题计划

选题计划是一个系统，它是根据期刊的总体编辑构思分别将一个个选题结构而成的，其中的一个个选题就是组成这个系统的一个个小单元。

选题不仅包括稿件的题目名称，还包括稿件的主要内容、作者、所面向的主要读者群、篇幅大小等。

出版社出书要有选题计划，这个很好理解，也早已成为众人的共识。一般出版社都会有年度选题计划。和一般的选题不同，年度选题计划是一个系统，而期刊因为它连续出版物的性质，常常很难产生完整的年度选题计划，而一般采用的是不断更新的、变化的选题计划，这就使期刊的选题计划和书籍相比，系统性没有那么强，稳定性也相对较差。这也就在一定程度上弱化了期刊的选题与选题计划之间的根本差异，并导致很多期刊社选题计划意识不强，个别的甚至会认为有没有选题计划都无所谓。

当然，除了认识上的因素外，也有期刊不同于书籍的客观因素的影响。

第一，期刊出刊周期短，内容要求要有时效性，要能反映某一较短时间内的现实情况，并对这种情况做出反应，所以，选题计划常常要根据现实中事物的发展而变化。

第二，有的期刊，尤其是旬刊或周刊，期与期之间的间隔很短，导致很难在实际出刊工作中安排选题计划。

第三，有些期刊的性质也决定了不容易制定选题计划。例如刊登原创文艺作品的期刊，就不能违反相关创作规律制定选题计划，只能从作者创作出来的作品中去搜寻。

期刊的上述异于图书的状况，并不是说期刊就没办法制定选题计划了，只是说明期刊不能按照图书的办法制定选题计划，而应该根据自身的具体情况来制定。

（二）期刊的选题计划

期刊制定选题计划需要注意以下几个方面：

1. 抓住重点。期刊的选题计划重要的是要抓住重点选题，形成每一期的中心，而不必追求面面俱到。如果没有重点选题作保障，期刊的方向、风格就无法真正体现出来。对绝大多数期刊来说，要制定面面俱到的全面、完整的选题计划可能不可行，但要做出重点选题计划还是完全可以做得到的。

2. 制定短期选题计划。图书一般会制定年度选题计划，甚至要制定三五年的长期选题计划，而对一些期刊尤其是刊期较短的期刊来说，制定年度选题计划，会很难执行，所以就要因刊制宜，不妨制定半年、一季度等较短时间的选题计划。

3. 制定适应性强的具体选题。期刊选题计划中的选题，一方面，一定要有预见性，确保选题适应现实；另一方面，一定要有比较好的适应性，客观现实存在多种发展的可能性，无论实现的是哪种情况，都要确保选题能够适应。现实的发展受多种因素的制约，是多种因素的合力作用的结果，制定选题的时候，就要考虑到这多种因素，使选题能适应发展结果的多种可能性。

4. 各个选题之间要确保有关联性和连续性。期刊是很多稿件的集合体，这个集合体必须是一个有机整体，所以要对组成这个集合体的要素——稿件加以筛选。筛选的首要工作就是要做好选题计划。期刊的选题计划一般不是按期指定的，一般可能会两期、三期，甚至更多，所以制定选题计划时，不仅要注意选题的关联性，还要注意选题的连续性。这也就要求组成期刊这个集合体的稿件之间必须有关联性与连续性，只有这样，在稿件具体安排到某一期时，才容易切合需要。同时，也可使编辑在定稿时，有较大的选择空间。

5. 要允许选题计划有灵活性。一般来说，图书的选题计划会比较稳定，一旦制定好了选题计划，如果再发生变更，各方面的限制会比较多。但期刊就不一样。当然，期刊的选题计划确定后，也希望不再发生变更，因为稳定性越强的选题计划，质量一般也会越高。但是，如果一味地强调选题计划的稳定性，也可能会走向反面，导致降低选题计划的质量。因为期刊本身刊期短的特点就决定了它的可变性和随机性要强于图书，而稳定性弱于图书，所以，期刊的选题计划就要适应这种特点，允许有灵活性和随机性。

（三）要因刊而异

不仅期刊有异于图书，而且各期刊在刊期、内容、性质方面也各不相同，所以，制定期刊选题计划，必须因刊而异，不能做统一要求。

一般来说，社会科学发展变化要比自然科学快，所以社会科学期刊的时间性要比自然科学期刊强（当然，现在自然科学发展变化也很快）。而在社会科学期刊中，学术性期刊的时间性相对弱一些，而一些时事性期刊的时间性又要强一些；在自然科学期刊中，反映基础性研究的学术期刊时间性要差一些，而一些信息类的期刊时间性又要强一些。所以，制定选题计划时，不同期刊面临的情况各不相同。

时事性期刊必须能反映客观现实状况，然而一个期刊，预见性再强，也不可能完全描述出客观实际的发展情况而没有一点出入。所以，时事性期刊，一方面要通过客观实际分析历史和现实状况，尽可能加强预见性，另一方面，要确保所制定的选题有更强的适应性。比方说，将几个选题组合成一个灵活性和适应性较强的选题计划，这样，就可将现实发展的各种可能性都包容进去。事实上，即使是时事性期刊，它的选题计划也不是说就不可以具有稳定性，比方说，关于背景性和资料性的选题，就具有很好的稳定性。

对综合性期刊来说，一定要重视各个具体选题的统一与协调，注重选题计划的稳定性，也就是说，具体选题可以发生变化，但各个选题构成的选题计划一定要确保稳定性，否则就会影响整个期刊的风格特点。另外，制定选题计划时，一定要非常注意各具体选题之间的关联性。因为综合性期刊涵盖的稿件类型比较多，在将不同的稿件组成一个集合体时，各稿件之间的关联性就显得非常重要。

对专门性期刊来说，其选题计划在考虑到学科的系统性的同时，还要注意具体选题的连续性。一般来说，专门性期刊的选题计划要更稳定一些。

具体到选题计划的各个要素，不同的期刊要求也不一样。比方说，对学术性期刊来说，其选题计划只要有主题、题目和作者就行了，其他的具体怎么构思可由作者去做。而对普及性期刊来说，其选题计划则要求要细致具体，不仅要定好主题、题目和作者，还要定好具体的内容、文章重点和写作方式，甚至对字数都有具体的要求。

总起来说，期刊制定选题计划是必要的，也是可行的。至于如何制定选题计划，必须因刊而异，不能搞一刀切。

二、选题计划制定的依据

（一）充分考虑客观实际情况

开发选题和制定选题计划，非常重要的一点就是要充分考虑客观实际情况。期刊面对的客观实际情况各种各样，对制定选题计划有影响的主要包括如下几点。

1.社会发展的需要是制定选题计划的基础。不管哪一类的期刊，制定选题计划时，都首先要考虑社会的需要，这也是对期刊的最根本要求。比如，为了充分发挥出期刊的教育作用，首先就要考虑当时的政治和政策状况。考虑当时的政治和政策状况，主要是指制定出的选题计划要有利于我国的社会主义现代化建设，有利于我国的改革开放。再比如，为了充分发挥出期刊的文化娱乐作用，就要确保制定出的选题计划有利于我国的社会主义精神文明建设，能正确引导群众开展文明向上的文化娱乐活动。以上这些都是我国社会发展的需要。各期刊在确定选题和制定选题计划时，要因时、因情况而异，只有那些从社会实际需要出发确定的选题，才更容易被社会和读者接受和欢迎。

社会发展的需要多种多样，各期刊应根据自身的办刊方针和任务等，确定自身应该满足的某些社会发展需要。事实上，社会发展需要的各个方面之间是相互联系的，所以，期刊为制定选题计划在考虑社会发展需要的时候，应该从整体需要考虑，这样制定出的选题计划不仅可以高屋建瓴，也比较容易有创新点。

2.读者的需求。期刊不仅为作者服务，更为读者服务。每一种期刊都会面对一部分特定群体，这个群体即是期刊的主要服务对象。一个期刊越能满足读者的需求，就越能受到读者的欢迎，所以，期刊在制定选题计划时，一定要充分考虑读者的需求，以读者的需求为依据。例如，一个女性学刊，其读者群主要是搞女性研究的专业技术人员和从事妇女工作的人员。这个女性学刊在制定自己的选题计划时，就要在这些特定群体中作调研，了解并满足他们的需求。

当然，特定读者的需求也是多方面的，一种期刊不可能完全满足这些读者的所有需求，这种情况下，期刊决不可为了迎合读者需求而盲目扩大自己的适应面，使期刊失去自己的特点，这样就本末倒置了。期刊在制定选题计划时，要对作者的需求进行分析，只有那些有利于我国物质文明、精神文明和政治文明建设的需求才是可以作为制定选题计划依据的需求。

3.信息依据。期刊制定选题计划，不仅需要海量的政治、经济、科学等信息作为依托，还需要了解同类期刊以及与期刊本身有关的专业的信息。每一个期刊的内容都有时效性，制定选题计划时，如果不能掌握相关信息，必定影响选题计划。外界的信息始终处于发展变化中，所以，作为期刊编辑，收集相关信息，是一个长期、连续性的工作。

另外，知彼知己，方能百战不殆，一个期刊要想办出自己的特色，还要重视其他同类期刊的相关信息。制定选题计划时，不了解、不研究同类期刊，闭门造车，就很难确保自己的期刊能超越同类期刊。

（二）充分考虑期刊本身的情况

期刊制定选题计划，充分考虑客观实际情况是非常重要的，但与此同时，还必须充分考虑期刊本身的实际情况。只有将客观情况和自身的实际情况有机地结合起来，才能确保制定出来的选题计划可靠、准确。期刊自身情况主要包括下面几点：

1. 人员状况。所有的选题计划都需要人去落实，计划能否完成，达到什么样的质量状况，都是有期刊社或期刊编辑部的人员状况来决定的，所以，必须依据自身的人员状况来做选题计划。

人员状况主要包括人员数量、学历和专业构成、效率情况等等。人员状况即使在人员数量不变的情况下，也不是一成不变的，因为人有主观能动性，这始终是一个可变量，所以，怎样把人的主观能动性充分发挥出来，是在制定选题计划时需要考虑的重要因素。看人员状况，要用变化的眼光。

2. 物质条件。物质条件是实现选题计划的物质基础，没有物质条件保障，再好的选题计划也不可能实现。所以，在制定选题计划时，一定要考虑自身拥有的物质条件。

3. 作者状况。期刊在长期的办刊过程中，会形成自己的作者队伍，这个作者队伍的大小、专业情况、水平高低，也会影响选题计划的制定和落实。因为选题计划，最终是要靠作者来实现的。制定选题计划，确定每一个具体选题时，除了要考虑选题本身是否合适外，还要考虑到已有的作者能否完成这个选题，如果不能，能否临时寻找到完成选题的作者，如果这两点都不能保证，那么，选题就无法完成，选题再好也是没有意义的。

（三）期刊选题的来源

期刊在制定选题计划时，确定每一个选题至关重要。获得选题的渠道越多，选题越有保证，选题计划也就越容易制定，所以，期刊要注意扩大选题的来源。

一般来说，选题主要来源于以下几个渠道。

1. 来源于读者。自身的读者群需要什么样的选题，是期刊制定选题计划时非常重要的根据。可以用征订选题的方式，征求读者的意见和建议；也可以通过电话征询读者的想法；还可以召开读者座谈会，就办刊听取他们的想法。通过这些方式，不仅可以听到读者的建议，甚至可以直接拿到选题——有的读者会直接建议选题内容。当然，来自读者的选题，可能还不能直接采用，需要期刊社或期刊编辑部讨论加工。总之，读者群永远是选题的源头，期刊社或期刊编辑部要重视这个源头，积极主动地做读者的文章，从他们那里获取选题灵感。

2. 来自专家。一些专家因为长期搞某方面的研究，他们就自然形成了自己的研究选题，如果这些选题符合期刊的总体编辑构思，自然就可以成为期刊的选题。来自专家的选题，不仅解决了选题问题，连作者问题也一并解决了。而且，专家选题，一般也会有较高的质量，所以，是非常值得期刊社重视的。当然，也不可因为对方是专家，就把不符合期刊总体编辑构思的选题拿来，纳入选题计划。

3. 来自领导部门或相关单位。有一些来自领导的选题，高屋建瓴，具有比较高的价值，应该纳入选题计划，好好研究。当然，其中也不乏为了自身工作需要和宣传提出的，这样的选题，就要反复斟酌和讨论，不能因为来自领导部门，就一味迁就，应该具体问题具体分析。

相关单位的选题，一般源自他们的实际工作，比较符合实际，接地气，有针对性，这一点是比较好的。但同时，这类选题如果由这些相关单位完成，撰稿人就会是办公室文员，他们的文章往往是工作总结性质的，缺乏学术性和可读性，所以，就未必能产生既定的效果，对期刊来说，也未必能刊用。所以，针对这样的选题，期刊社或期刊编辑部必须认真分析其利弊，最后再确定取舍。

4.来自期刊社或编辑部本身。以上来源的选题，最后都需要期刊社或期刊编辑部讨论、筛选、加工、确定，这样，每一种来源的选题，应该说都来自期刊社或期刊编辑部。可笔者这里所指的来自期刊社或期刊编辑部本身的选题不是指的这部分选题，而是指完全由期刊社或编辑部自身提出的选题。

来自期刊社或期刊编辑部本身的选题是很多的，是期刊选题计划的重要支撑。期刊社或期刊编辑部最了解自身的办刊方针、任务和总体编辑构思，因此，只有期刊社或期刊编辑部才会在此基础上确定选题。来自期刊社或期刊编辑部的选题和来自上面三个渠道的选题结合起来，就可以形成有连续性的选题了。

来自期刊社或期刊编辑部本身的选题，不仅更切合期刊的需要，还更具有可操作性。因为期刊社或期刊编辑部的选题，是在充分考虑了期刊本身的主客观条件后才确定的。

三、制定选题计划需要注意的事项

（一）新颖性

期刊的生命与图书相比，相对较短。一般来说，新的一期出版，旧的一期就成为过刊了。但好的期刊，即便在成为过刊后，也还有很大的价值。就笔者本人来说，笔者二十年前就是《读者》的忠实读者，每一期必买，而且很多都保存下来了，多年过去再翻看，仍然感觉很受益。这恐怕也是很多读者保存期刊的原因。不过，从总体上看，图书的生命还是要比期刊长。期刊作为一种有时效性的连续出版物，在确定选题的时候，就不能不考虑这一点，所以，选题就要力求新颖。这也是期刊区别于图书的重要一点。如果期刊刊登的内容和图书一样，缺乏新颖性，那就失去了期刊的特色，读者购买期刊也就没有很大的价值了。

期刊要想做到新颖，必须有新颖的选题计划作支撑。新颖的选题，不仅包括新颖的题目，更要包括新颖的内容：角度新、看法新、方法新、理论新、手段新、知识新、信息新等。期刊做到了新颖，也就拥有了适时性。

期刊的新颖性、适时性这样的特点，与选题计划的稳定性之间是有矛盾和冲突的，为此，要不断地对选题计划进行补充、修订，不断把新的选题纳进来，而把旧的选题剔出去。这就要求期刊或期刊编辑部要把选题计划的制定当作一个经常性的工作来做，只有这样，才会有时时可以更新的选题。

当然，期刊社或期刊编辑部也不能为新颖而新颖，必须对新选题进行充分的论证，确定其严肃性和可行性。

（二）选题的层次

期刊选题是分层次的，这也是期刊选题计划和图书选题计划的不同点。

至于期刊选题层次的划分，期刊不同，要求也就不同。通常情况下，我们可将选题分为重点选题和一般选题、稳定选题与变动选题、系列选题与零散选题等。

基于期刊的办刊方针、目标任务等，可以将选题区分为重点选题与一般选题。由于办刊方针和目标任务不同，对此刊来说是重点的选题，对彼刊也许就是一般选题。

所谓稳定选题的稳定，是相对而言的，只是表明其变动性差一些，但也不是完全不可变的，同理，变动选题也是相对而言的，其稳定性会差一些，但也不是必变的，否则，选题的意义就丧失了。稳定选题是确保实现期刊办刊方针和目标任务的选题，所以对期刊来说意义重大，没有这类选题，选题计划的制定也就没有价值了。可变选题尽管可变，但这些选题也承载着期刊的编辑意图，所以，其意义也是很大的。

系列选题与零散选题，是从选题的连续性上来讲的，系列选题的连续性要强，因此具有较好的稳定性。比如某期刊确定了有关萧红研究的选题，这个选题，可以持续一年、两年，甚至更长。系列选题和零散选题，也是相对而言的。

不同层次的选题对期刊发挥着不同的作用，不应偏废。期刊社或期刊编辑部应根据期刊本身的情况，分别设置不同的比例。对每一个期刊来说，选题计划中都应该列出重点选题、稳定选题、系列选题。只有如此，才能确保期刊的稳定性。

（三）均衡性

期刊制定选题计划时，要注意其构成的均衡性。

所谓的均衡性，指的是各类选题的比例要适应这类选题在期刊上的分量，也就是说，期刊上需要占篇幅多的，选题计划中此类选题就要多，而期刊上需要占篇幅少的，选题计划中此类选题就要少。当然，这里的均衡性也是一个相对的概念，真正做起来可以灵活掌握，而不必机械对待。

第三节　栏目的构思

一、栏目的作用

一般的期刊大都会设置数量不等的栏目，如果把期刊看作一个稿件的集合体，那么，栏目就是这个集合体的粘结剂。

每一期期刊都是由长短不同、内容各异的稿件组成的，如何将这些稿件串成一个集合体并结构成一个系统呢？答案是用栏目这个粘结剂。这些稿件可以根据内容或其他的特点不同而分置在不同栏之下，每栏都有个名目，因此就称其为栏目。栏目设置的最根本意义和价值也就在此。

每个栏目都是一个小集合体，这个小集合体的稿件具有某种或某些共性，将栏目不同的多个小集合体结构起来，就形成了一期期刊。可以说，如果不设置栏目，期刊就会杂乱无序，让人看起来摸不着头脑。

期刊设置栏目，就像商场分区一样，一个商场，会根据商品的类别，分为女装区、男装区、家电区、百货区、箱包区、鞋帽区等，这样，到商场的顾客就可根据自己的需求，选择自己要逛的区域，这样不仅可以使商场看起来有序，同时也方便顾客选择，节省顾客时间。一个期刊也是一样，将一期的文章分置到不同的栏目，读者就会根据自己的需要选择自己感兴趣的栏目进行阅读。

同时，栏目还有概括展示自我的作用。就像大超市一样，有的超市只卖日用百货，不卖服装、文化用品等，有的则不仅卖日用百货，还卖服装等，顾客只要一看它的分区，就对它卖的商品一目了然了。期刊栏目也有这样的作用，读者一看期刊的栏目，就很清楚它刊登什么类型的文章、不刊登什么类型的文章了，也就可以据此判定要不要购买它了。

另外，从某种程度上说，栏目还可以展现出期刊的办刊方针和特色等，这也是栏目本身应该具有的功能之一。

当然，栏目最根本的价值还是在其粘结剂的价值上，其他的功能和价值都是这一根本价值派生出来的。

二、栏目的构思

栏目的构思，也就是指有关划分和设计栏目的构思。那么，究竟如何对期刊栏目进行构思呢？

第一，期刊的办刊方针和总体编辑构思是对栏目进行构思的基础。这一方面表明，进行栏目构思时，一定要体现出期刊的办刊方针和总体编辑构思，而反过来讲，也同时表明，进行期刊的栏目构思，要受期刊办刊方针和总体编辑构思的影响和制约，离开了期刊的办刊方针和总体编辑构思，栏目构思就失去了基础和约束。

第二，对栏目进行构思必须遵循一些基本原则，即系统性原则、唯一性原则和分层原则。

栏目本身在期刊中起到一种粘结剂的作用，这种作用的发挥就要求进行栏目构思时必须体现出系统性原则，也就是一定要体现出稿件和稿件、栏目和栏目之间的联系，彼此之间要既有区别又有关联，不允许有游离在集合体之外的栏目存在。

唯一性原则指的是栏目彼此不同，各有自身的特点和内涵，而不能是界限不明、互相能够代替的。也就是说，系统性原则要求的是栏目之间的关联性，而唯一性原则强调的则是每个栏目自身的特点和不可替代性。

分层原则指的是期刊栏目和栏目之间要有层次差异，只有这样，才能表现出期刊的重点和特色，这也是为了满足不同读者的需求的需要。

第三，在遵从上述栏目构思的基础和原则的情况下，才可以去划分和设置栏目，对栏目进行构思。

对期刊栏目进行构思的路径，一般来说有两种：一种是从内容方面进行构思，另一种是从形式方面进行构思。

从内容方面进行构思，就是根据稿件的内容的不同，将其划分到不同的栏目。而内容也可以有各种不同的分类，所以，按内容对栏目进行划分和设置的方法也会是多种多样的。一般期刊常采用的方法主要包括：按学科方向来分、从题材来分、从性质来分等。

例如，《理论学刊》通常分为党史党建、经济学、哲学、社会、政治、法律、历史、文化、文学等，它就是以学科类别为考量因素来进行栏目构思的。

从题材出发进行栏目构思，指的是把题材不同的稿件划分到不同的栏目。比方说，可以把写知青的小说划到"知青小说"这一类的栏目，把写侦探的小说划到"侦探小说"这一类的栏目，把写武侠的小说划到"武侠小说"这一类的栏目，还可以归纳出像"女性小说""当代小说""科幻小说"等等，这样的栏目划分就是从题材出发的。

从性质方面进行栏目构思，指的是根据稿件内容的性质把其分到不同的栏目。例如《山东女子学院学报》就是根据稿件内容的性质，分别把性质不同的稿件划分到不同的栏目的：有关性别平等理论的稿件放到"性别平等理论"的栏目，有关女性参与社会主义发展和建设的稿件放到"女性与社会发展研究"栏目，有关女性法律方面的稿件放到"女性与法律研究"栏目，还有"女性文学研究""女性文化研究""妇女史研究""女性教育研究"等。这些栏目都是根据稿件的性质进行栏目划分的。

稿件的内容和性质,各有很多不同的分类方法,所以根据稿件的内容和性质进行栏目构思也就有各种不同的方法。

从内容方面进行栏目构思绝不止上述三种方法,而每一种方法又会有很多具体的划分方法,所以,栏目构思的天地是非常广阔的。

从形式方面进行栏目构思,指的是把稿件按照其形式分到不同的栏目,而不管其内容怎样。很多文学期刊就是这样进行栏目构思的。如《收获》的栏目就包括了"长篇小说""中篇小说""短篇小说""散文"等各种不同的栏目,这就是根据稿件体裁形式进行的栏目划分。根据形式进行栏目划分,最常见的也是根据稿件的体裁形式进行的划分。

栏目构思其实是一种创造性的劳动,是需要好的创意的,而不能只是照着葫芦画瓢。进行栏目构思的基础是期刊的办刊方针和任务、总体编辑构思等,对栏目进行构思要遵循的原则主要为系统性原则、唯一性原则和分层原则。根据这些基础和原则去对栏目进行构思,空间是很大的。

三、栏目之题

栏目之题,有人也称其为栏目之目。一般来说,每一个栏目都是有一个名称的,这个名称就是栏目之题。

一本书会有一个书名,一个刊物会有刊名,一本书的每一个章节会有一个章题,而一个刊物的每一篇文章又都会有一个篇题,这里的书名、刊名、章题、篇题等,和栏目之题并没有本质的不同。刊名可以说是一个期刊的眼睛,而栏目之名也可以说是栏目的眼睛,栏目的名称之于栏目的重要性,和刊名之于刊物的重要性是一样的。

上面所谈及的栏目及其名称，指的是具有稳定性的常设栏目和栏目之名而言的。每一个期刊都会有一些非常稳定的常设栏目，这些常设栏目至于期刊，是非常重要的，它们甚至和期刊的刊名具有相似的品格，这一点完全区别于文章的篇题。但总的来说，栏目和刊名比起来，还是拥有更大的灵活性，其可变性也更强，这一特点又让它拥有了和篇题类似的品格。栏目的这种双重品格，就决定了其名称好坏的重要性。

栏目之题，首要的一点是必须能反映栏目的内容，如前述《山东女子学院学报》的"性别平等理论研究"栏目，一看就可以知道其稿件的大体内容是什么。其次，一个期刊的各栏目名称之间要有关联性，栏目构思的原则之一就是系统性原则，各栏目之间是要有关联性的，这就要求栏目名称必须能体现栏目的这种关联性。再次，一个期刊的栏目名称还必须有比较好的适应性，并且能容纳大体内容或体裁一样的几篇稿件。最后，栏目名称不仅需要精练，还要能反映期刊的特色。

栏目名称的确立方法不一。栏目确立得好，对期刊会有很大的提升作用，所以，各期刊一定要重视栏目名称的确定。

第四节　期刊的总体编辑构思

一、期刊总体编辑构思的作用

（一）期刊的总体编辑构思

所谓的编辑构思，指的是整个期刊编辑过程中的思维活动，它不仅包括期刊的主题、重点、结构等，还包括与其主题、重点、结构等相统一的外在形式和风格等。总体，当然不是指期刊的某个局部，而是指从内容到形式的总体。所谓的期刊的总体编辑构思，就是从期刊时空总体上对期刊编辑工作通过思维活动产生的总的规划。

期刊一个非常重要的特征就是它是连续性出版物。这一特征就要求期刊在编辑思想和编辑工作方面，必须具有连续性。一个期刊假如没有总体编辑构思，这种连续性就不可能得到真正体现。期刊连续性出版物的特点和性质决定了期刊社或期刊编辑部在办刊过程中必须对期刊进行总体编辑构思。

前文已经论及：期刊，还有人称其为杂志。说明其很重要的一个特征是"杂"，它这个"杂"是多方面的：不仅作者杂、内容杂、稿件杂，而且体裁也杂，即便是专业性期刊，也不可能是单一的，在某个甚至某些方面也是杂的。要想把不同作者、不同内容、不同体裁的稿件编在一本期刊里，就必须依循一定的规律，对期刊进行总体编辑构思。否则，期刊看起来就只能是个大杂烩。

（二）系统和系统效应

从每一期期刊来看，怎样把一篇篇稿件组合成一期期刊，并且使这期期刊成为一个有机系统？答案是：对每一期期刊进行总体编辑构思。

从一年的期刊来看，怎样把这一年内的每一期组合起来，形成一年的期刊，并且使这一年的期刊成为一个更大一些的有机系统？答案是：对这一年的期刊进行总体编辑构思。

从作为连续出版物一直不断刊出的期刊来看，怎样把这个连续出版的期刊组合成一个更大的有机系统？答案是：对这个期刊进行总体编辑构思。

因此，我们所说的"总体"，并不是一成不变的，它是一个相对的概念，是有大总体、中总体和小总体之分的。但是，总起来说，按照大总体、中总体和小总体结构起来的大系统、中系统和小系统，从本质上讲，却都可以称为系统。

上文所说的系统，就是奥地利生物学家贝塔朗菲在《一般系统论的基础、发展和应用》中提出来的。他认为，系统是具有阶梯性的，也就是说，一个系统总是由若干更小的子系统组成的，它本身也属于一个更大的系统，并且是那个更大的系统的子系统。期刊按照大总体、中总体和小总体结构起来的大系统、中系统和小系统，也适用这一理论，也是这样一种阶梯性的并且有递进关系的大小不同的系统。

人们普遍会认为，期刊质量的好坏取决于所刊发稿件质量的好坏，认为稿件质量好，期刊质量就好。当然，稿件质量不好，也很难编出质量很好的期刊来，二者之间关系的确密切。但需要强调的是，并不是只要稿件质量好，期刊也就质量好。期刊质量如何，和编辑的选题、组稿、加工、修改的水平也密切相关。就像相同的菜，在不同的厨师手下，会做出质量不同的菜品一样，高明的厨师做出来的菜肴也许色香味俱全，美味可口，而一般的厨师做出来的菜肴可能就会让人难以下咽。同样是质量不错的稿件，在不同的编辑手里，会编辑出质量不同的期刊，有的可能让人赏心悦目、受益匪浅，有的就可能让人昏昏欲睡。期刊需要依靠编辑工作将稿件结构成系统。这个过程会受到要素、结构、功能、环境四个因素的影响。其中，期刊就是系统，稿件则是其要素，编辑工作就是结构。结构可以使信息量倍增，使各要素产生独立存在时没有的新质，并进而形成大于其独立存在时的功能之和。这就是著名的"系统效应"。作为系统结构的期刊编辑工作，将作为要素的各稿件结构成期刊，也可以产生这样的"系统效应"。期刊总体编辑构思的价值，就在于产生这样的"系统效应"。

期刊质量的高低，很大程度上来自期刊的总体编辑构思。一个期刊好的总体编辑构思可以提升其质量，并使期刊产生远高于其所刊发稿件质量之和的"系统效应"。

一般来说，我们不仅要有对一期期刊进行总体编辑构思，使一期期刊产生远高于它所刊发稿件质量之和的"系统效应"；还要对一年的期刊进行总体编辑构思，使一年的期刊产生远高于其每期期刊质量之和的"系统效应"；也要有对期刊整体进行总体编辑构思，使期刊整体产生高于其每年期刊质量之和的"系统效应"。为了方便，可以将一期期刊的小系统总体编辑构思称为微观总体编辑构思，将一卷（年）期刊的中系统总体编辑构思称为中观总体编辑构思，而将对期刊整体的大系统总体编辑构思称为宏观总体编辑构思。

微观总体编辑构思、中观总体编辑构思、宏观总体编辑构思之间的关系层层递进。微观总体编辑构思产生自中观总体编辑构思，中观总体编辑构思产生自宏观总体编辑构思。三个总体编辑构思互相联系，互相依赖，互相统一，不可分割。

二、宏观总体编辑构思

（一）给期刊定位

在三个总体编辑构思中，只有宏观总体编辑构思才算是真正的总体编辑构思，中观和微观总体编辑构思中的"总体"只是一个相对的概念，是一定范围内的"总体"。

宏观总体编辑构思是对一个期刊整个办刊过程的总的构思。一般来说，这个宏观总体编辑构思是一个期刊在创刊之初就有的就如何办刊、办成什么样、办刊的方针、宗旨是什么等等的整体构思。宏观总体编辑构思也可以说是一个有关某一期刊的未来规划，这个构思贯穿期刊的始终，这一点也是宏观总体编辑构思和中观总体编辑构思、微观总体编辑构思不同的地方。

一个期刊创刊后，至于其什么时候停刊，是个未知数，也就是说，宏观总体编辑构思的未来时限是不知道的，这就使其宏观构思本身有了一些未知因素。而且，宏观总体编辑构思本身的"宏观性"就决定了它不能像中观总体编辑构思和微观总体编辑构思一样事无巨细、方方面面都顾及到，而只能是粗线条的，只能就期刊的办刊工作中根本性的一些方面进行构思。也就是说，宏观总体编辑构思要确立的是期刊安身立命的内容，是决定期刊如何生存和发展的内容，因此，对期刊来说，至关重要。

宏观总体编辑构思，最重要的是要为期刊定位，确立期刊处在什么样的一个位置上。

期刊的办刊方针、办刊宗旨等尽管也具有定位的功能，可和宏观总体编辑构思相比，还是不够具体、明确。

应该说，宏观总体编辑构思要对期刊正位，是办刊方针和办刊宗旨的具体化。如果一个期刊的办刊方针和办刊宗旨确定为是一本女性期刊，是面向女性读者群体的，甚至具体要对女性进行哪方面的教育也确定了。可是，主要面向女性群体中的哪一部分？怎样对其开展教育？采取何种方式和方法进行教育……这一系列问题，办刊方针和办刊宗旨就难以一一确定，而必须在宏观总体编辑构思中来具体表现出来。在进行具体的总体编辑构思时，不同的期刊，要从自身的实际情况来进行具体定位。例如，《山东青年》杂志是共青团山东省委主办的刊物，是共青团山东省委的机关刊物，它就应该定位于共青团机关刊物的位置上。还有一家面向青年的期刊《青年一代》，它是上海人民出版社主办的，不是机关刊物，所以它就不能将自己也定位于机关刊物的位置上，而只能定位于新闻出版工作者为青年人创办的一个期刊的位置上。《山东青年》和《青年一代》的位置是不能交换的，交换了就是错位了，而刊物一旦错位，就不可能完成其应该完成的任务了。

（二）面向特定的读者群体

宏观总体编辑构思一定要明确期刊的读者群，也就是期刊是面向哪些人而出的。这对宏观总体编辑构思来说，是一个根本性的问题，所有的宏观总体编辑构思的其他内容，都要以这一点作为前提。

读者的面越大是不是期刊的发行量就会越大呢？对这一问题，人们一般会选择肯定的答案。事实上，答案往往是否定的。读者的面越大，比如，面向一般群体的话，虽然看上去人人都可以看，可实际情况是，在人人都可以看的情形下，往往是绝大多数人都不看，也就是说，期刊的针对性越差，发行量会越小。一个期刊的读者群越明确，越具体，针对性越强，就越受读者的欢迎，期刊的发行量也就越大，从而影响也才能越大。因此，进行期刊的宏观总体编辑构思，必须走出期刊的读者面越大越好的误区。

在期刊的办刊方针和办刊宗旨中，也有可能会规定期刊的读者群体，但在宏观总体编辑构思中，就不仅仅要规定期刊的读者群是什么，还要进一步细化这个读者群。例如《ELLE》杂志，其办刊方针中的读者群，也许只能规定到面对女性群体，而在其宏观总体编辑构思中，就要具体到哪个年龄段、哪个收入层次的女性了。而一份有关中学生的期刊在办刊方针中也许只能规定其读者群为中学生，而在其宏观总体编辑构思中，就要具体到读者群是初中生还是高中生了。

（二）基本的风格

宏观总体编辑构思还要构思期刊的基本风格。期刊的基本风格一般体现于期刊的基本结构中。期刊究竟如何来结构，需要以期刊的办刊方针和办刊宗旨为指导，必须具体执行并体现出期刊的办刊方针和办刊宗旨。

期刊的基本结构包括纵向基本结构和横向基本结构。纵向基本结构，主要指期刊的期与期之间、年与年之间的衔接和变化。一般来说，对纵向基本结构进行宏观总体编辑构思，只能是粗线条的，一些细节要在实际的办刊过程中，根据具体情况再具体确定。这是由于期刊是和现实结合比较紧密的出版物，它必须随着外界事物的发展变化而变化，这样，在宏观总体编辑构思中，进行长久的细致的构思就显得不是很现实。可是，也不能因为对纵向基本结构进行宏观总体编辑构思困难就不进行这项工作，因为，如果没有这项工作，办刊就没有长远的目标，就只能办一期是一期，期刊的长远发展也就很难谈得上了。对期刊的纵向基本结构进行总体编辑构思，实际上就是给期刊定规划。

期刊的横向基本结构，指的就是对期刊内容的总体安排，主要涵盖期刊的基本内容以及和它相适应的形式等。期刊的核心内容是什么？怎样围绕核心内容设计其他栏目？这些栏目之间如何联系和区分？如何对栏目的固定部分与轮换部分进行设置？对栏目轮换的秩序如何进行设定？等。另外，与上述构思相联系相适应的形式，也是横向结构的总体编辑构思要解决的事情。

三、中观总体编辑构思

（一）通过转化而联系

中观总体编辑构思针对的是期刊一年或一卷的总体编辑构思。多数期刊的年、卷是一个概念，也就是说，一般情况下，一年即是一卷。中观总体编辑构思，在整个总体编辑构思中，起的就是一种中介作用。列宁的《哲学笔记》中曾经讲过：一切都是经过中介，连成一体，通过转化而联系的。

可以说，中介，对任何事物，在任何情况下，都是不可或缺的。比方说，人体的新陈代谢活动，极其复杂，这个复杂的活动所以能够井然有序地进行，靠的就是中介——各种酶类作为催化剂来进行的，如果没有这些生物酶的作用，新陈代谢就无法正常进行。可以说，事物之间的联系都是通过中介起媒介作用才得以实现的。对期刊进行中观总体编辑构思，就是完成这样一种中介作用，就如人体的新陈代谢过程中酶的中介作用一样，中观中体编辑构思就是将宏观总体编辑构思与微观总体编辑构思通过转化而联系起来的中介。进行中观总体编辑构思时，既要体现出对宏观总体编辑构思的具体执行，又要考虑为微观总体编辑构思开拓思路。

中观总体编辑构思，要着重就守常与创新、杂与专、横断与纵贯等方面，进行稳定性、变革性、集中性、系统性、连续性等总体编辑构思。

（二）守常与创新

一个成功的期刊，一定会有它自己的特色和风格，这种特色和风格是通过期刊各方面因素集中体现出来的，尤其是一些始终贯穿于各期期刊中的内容特色甚至形式特色来表现出来的，缺乏这样一种东西，就很难形成期刊自身的特色和风格。

读者长期选择并喜欢一种期刊，一般是因为这个期刊的特色和风格对其有吸引力。每一个读者都有自己的阅读偏好和习惯，怎样能对读者产生阅读粘性，是对期刊的一个考验，也是每一个期刊都要注意的问题。一个读者的阅读偏好会带来这个读者对某期刊形成阅读惯性，如果这个期刊的特色和风格发生变化，就会破坏掉这个读者的阅读惯性，其对这个期刊的偏好和喜爱也就不复存在了，这就相当于期刊毁掉了自己对读者的阅读粘性。

守常，就是指期刊要重视自身长期办刊过程中所形成的特色和风格，珍视期刊在读者心目当中的固有形象，决不能随意将其破坏掉。

期刊的形象，除总的特色和风格外，还包括形成这些特色和风格的各个部分，例如栏目和栏目的名称等等。有些期刊，意识不到守常的重要性，认为只有经常花样翻新才好，其实这是非常片面的。结果改来改去，不仅弄得期刊面目全非，也让读者摸不着头脑，更何谈读者的喜爱呢。

事实上，守常也即保持期刊自身质的相对稳定性。任何事物一旦失去了自身质的相对稳定性，也就等同于失去了自身，而成为让人捉摸不定的东西了。因此，期刊要想保持自己的特色和风格，就必须保持自身质的相对稳定性。这种稳定性，不仅要在一期期刊的微观总体编辑构思中考虑，还要在期刊一年的中观总体编辑构思和整个宏观整体编辑构思中来考虑。当然，守常并不是说不能变，变是绝对的，守常是相对的，是发展、变化中的守常。而在宏观总体编辑构思中，一般只能是总的原则性的考虑，因此，有关守常主要还是应该体现在中观总体编辑构思中。

相对于守常，创新也是非常重要的。守常指的是稳定性，创新指的则是变化性。二者是一对矛盾，其中，守常是相对的，变化和创新是绝对的。期刊在进行中观总体编辑构思时，不仅要从守常考虑，而且还要从创新方面着手，要求得稳定性与变化性的统一。

一个期刊只守常，只求稳定性是行不通的。尽管一个期刊依赖其质的相对稳定性而保持自身的特色和风格，但如果其只守常，只有稳定性，而不去创新，缺少了变化性，那么期刊就会慢慢僵化，就会落后于时代发展，从而使其失去生命力。对于任何一个期刊来讲，都必须既守常，又创新。只有这样，才能既保持住自身的风格和特点，又能常变常新，保持长久的生命力。

从办刊的角度来说，一个期刊守常守的是其成功、体现自身个性的方面；创新则相反，是摒弃掉其不成功、不能体现自身个性和已经落后的方面。守常和创新，其实殊途同归，都是为了使期刊特色和风格更鲜明、更突出，是矛盾的统一。任何一个期刊，都不可能说已经尽善尽美了，总会有需要改进和发展的方面。因为期刊是要反映外界事物的发展变化的，要随着外界事物的发展变化而变化。因此，一个期刊在守常的同时，也要创新，只有这样，才能保持活力，否则即使一开始受读者喜爱的期刊，也会因为自身的僵化而变成不受读者喜爱的期刊。

另外，其实读者的阅读心理和阅读偏好也是变与不变的矛盾统一。一方面，读者阅读有自身的习惯和偏好，可另一方面，读者的阅读心理和阅读需求同时又有变化性，可以说，每一个读者都对新鲜事物有好奇心理，愿意看到新奇的东西，反感一成不变的东西。这就表明读者的阅读也有变化性的一面。所以，一个期刊，不能只看到读者阅读需求的一个方面，要两个方面都兼顾到，只有这样，才能长期保持对读者的阅读粘性。

期刊在进行中观总体编辑构思和微观总体编辑构思时，就要考虑在如何保持期刊自身的特色和风格的同时，又要考虑如何进行创新，以满足读者的阅读变化性。如果只守常而不进行创新，不顾及读者阅读需求的变化性，慢慢地，就会让读者失去阅读兴趣，从而失去读者。

一个期刊，既不能每一期做大的变化，又不能让读者觉察不到它的变化。每一期做大的变化会影响期刊的稳定性，难以察觉其变化又会影响期刊的变化性。因此，和守常一样，期刊的变化和创新主要也应在中观总体编辑构思和微观总体编辑构思中去考虑。

目前，一般来说，多数学术期刊的封面、内文样式设计会使用一年或两年，每期只对色彩或在局部做一些调整。这样做其实就实现了守常与创新的矛盾统一：不变，是守常，可以满足读者的阅读惯性和偏好；色彩或局部调整，是创新，适应了读者阅读的变化性，也可使期刊本身充满活力。期刊在封面和内文样式中的这种中观总体编辑构思，是非常值得肯定的。当然，这种中观总体编辑构思不仅仅应该体现在封面和内文的样式方面，还要体现在期刊的所有方面。

（三）出专题或者专刊

出专题或者专刊，是期刊在中观总体编辑构思中需要考虑的东西。

期刊作为一种连续性出版物，其每一期并不是孤立存在的，而是彼此相关联的，所以，每一期的中心，尤其是每一年的中心，在多大程度上、怎样体现这种关联性，这一点即是中观总体编辑构思应该考虑的事情。对期刊来说，一年中各期期刊尽管各有其自己的中心，但各期的中心之间是有关联性的，这种具有关联性的各期期刊的中心，假如还围绕着一年期刊的中心的话，那么这个期刊就拥有了严密的系统结构，能发挥出更大的"系统效应"。所以，如果在某一年度出专题或者专刊的话，这个专题或专刊的内容一定要服从这一年度的中心以及各期中心之间的关联性。

出专题，指的是在一期期刊中，用一定的篇幅刊载一个专题的文章，除了专题以外，其余的内容和通常情况下没有区别。从某种意义上说，出专题也就相当于增加了一个栏目。出专题这种方式，从总体上来讲，不破坏期刊本来的特色和风格，可以确保期刊的稳定性，也适应读者的阅读偏好和阅读习惯。但从局部来看，又使期刊拥有了创新的特性。一个专题，因为涉及的内容都是一个方面的，所以，可以在此专题上给读者提供相对很全面、很系统的知识和见解，这样就又满足了读者的求新心理，迎合了读者对阅读变化性的需求。

例如《山东女子学院学报》，在2013年，连续一年刊登了研究莫言作品的专题"性别平等视野下的莫言作品专题研究"，除了这个专题，其他栏目"性别平等理论研究""女性与社会发展研究""妇女史研究""女性与法律研究""女性文化研究""女性文学研究""女性教育研究"等照常刊发。通过这一专题集中展现了莫言通过其作品反映出来的女性观点，读者想了解相关内容，只要阅读这个专题，就基本能够满足了。

除了出专题，还可以出专刊，专刊是用一期期刊来刊登一个专题的稿件。也就是将专题的篇幅扩大到了整个一期，期刊其他的栏目在这一期期刊中就不再刊发了。比如，《山东女子学院学报》在2015年，为了迎接学校的本科合格评估，集中展现学生的研究成果，拿出两期集中刊发山东女子学院学生的相关研究的稿件。

期刊专刊的内容仍然能延续期刊的稳定性，只是这种稳定性弱了，而变化性增强了。出专刊这种方式，运用得好，能够引发读者的新鲜感，对读者也有集中传播某领域知识的好处。但是，如果运用得没有节制，也容易大大弱化期刊的稳定性，使期刊丧失掉自己的特色和风格，这就是得不偿失的事情了。

不管是出专题还是出专刊，都要特别注意两方面的事情：一方面是要把握好专题、专刊的主题。选择专题、专刊的主题不仅要和期刊一年的总主题相适应，还要与实际需要相适应，一定要确保专题和专刊出得适宜。另一方面，多长时间出一个专题或专刊，什么时候出专题和专刊，在中观总体编辑构思中要构思好，确保专题和专题、专题和专刊之间有合适的间距。

四、微观总体编辑构思

（一）双重任务

微观总体编辑构思，是针对一期期刊的总体编辑构思。这一期期刊既是一个独立的小系统，同时又要依附于期刊总体的大系统和一年的期刊这个中系统。微观总体编辑构思也就是就怎样编好既作为独立的小系统又从属于大系统和中系统的某一期期刊的总体编辑构思。这一点就决定了微观总体编辑构思必须体现小系统的这种双重属性，也就是说，微观总体编辑构思不仅要把一期期刊组织结构成一个完整的系统，同时还要把这期期刊和谐地安排在期刊总体和一年期刊这两个大系统和中系统中。微观总体编辑构思就是要对具有双重性质的某一期期刊进行总体编辑构思，这种构思既具有独立性，又具有从属性；既有全局性，又有局部性，是双重任务的矛盾统一体。

如何实现这种矛盾的统一，就是微观总体编辑构思要解决的问题。进行微观总体编辑构思时，其着眼点可以是一期期刊这个小系统，可基础必须放置在宏观总体编辑构思和中观总体编辑构思上。离开这个基础，微观总体编辑构思就不可能完成统一矛盾的任务。

进行微观总体编辑构思的时候，必须明确组织结构一期期刊所要发挥的作用。组织结构的方式，一般会由于所要发挥功能的不同而不同。而某一期期刊要发挥什么功能，又与期刊的办刊方针和办刊宗旨有关系，而且要受宏观总体编辑构思与中观总体编辑构思的制约。

相对于宏观总体编辑构思和中观总体编辑构思来说，微观总体编辑构思对应的是具体的一期期刊，但即便是一期期刊，它同样也是整个期刊的窗口，即不仅要反映这期期刊自身的特点和价值，还要反映期刊整体的特点和价值。

（二）构件与结构

微观总体编辑构思是针对一期期刊这个小系统进行的构思。组成一个系统，必须考虑选用哪些东西作为组成这个系统的构件。对于一个期刊来讲，这些构件就是稿件和具体栏目。微观总体编辑构思就是根据宏观总体编辑构思和中观总体编辑构思以及和这一期的期刊要发挥的作用，来构思这一期期刊的稿件和栏目选择的原则、条件。

对一期期刊进行微观总体编辑构思时，一定要考虑这期期刊刊出的时间、地点、条件等客观条件，比如，以时间为例，《山东女子学院学报》在2011年辛亥革命100年之际，开设了"纪念辛亥革命100周年"专题；在2015年抗日战争和世界反法西斯战争胜利七十周年的时候，开设了"纪念抗日战争和世界反法西斯战争胜利七十周年"专题。总之，进行微观总体编辑构思时，要依据期刊刊出的具体时间和条件来进行。

对期刊社或编辑部来说，进行微观总体编辑构思时，确立选择构件的原则很重要，确定结构这些构件的原则更重要。结构构件的原则，其实就是如何将稿件进行排列组合的原则，微观总体编辑构思就是要根据本期期刊所要发挥的作用来构思这一原则，使之成为最好的排列组合，发挥出最大的功能和作用。

对一期期刊的各构件进行排列组合，合乎逻辑和符合节奏很重要，这也就是进行微观总体编辑构思时结构各构件的基本原则，离开了这两点，期刊看起来就会混乱无序，缺乏章法。

（三）核心与枝叶

在进行微观总体编辑构思时，还需要根据这一期期刊内容的核心与枝叶以及它们彼此的关系和主次等有个原则性的设想。这一问题既是结构问题，更是内容问题。

期刊社或编辑部在对一期期刊进行微观总体编辑构思时，需要在宏观总体编辑构思和中观总体编辑构思的基础上，确定这一期的核心，其他内容都围绕这一核心展开。当然，对于一些涵盖内容比较多的期刊，也可以有不止一个核心，但核心与核心之间也应该是有联系的，而且这种联系还应该比较紧密，否则，这一期期刊就会显得很散乱。

第三章　期刊稿件的处理

第一节　组稿

一、组稿的途径

（一）组稿与组织作者

制定选题计划和对期刊进行总体编辑构思等，都是规划性的工作，具体落实总体编辑构思和选题计划，才真正进入实践阶段。只有经过实践的落实，期刊才能真正成为我们看得到的精神产品呈现在我们面前。

这种实践过程也是一步步来进行的，其第一步就是组稿。也就是根据选题计划，将一个个选题落实成为一篇篇写好的文章。

组稿是期刊编辑工作实践阶段的第一步，整个期刊的具体编辑工作便是从组稿工作开始的。

所谓组稿，顾名思义，就是组织稿件的意思，是发现、选择、组织作者完成稿件创作的活动。尽管由编辑组织作者写文章是期刊稿件最重要的来源，但却并不是唯一来源。一个期刊，其稿件来源，除了组稿之外，还有很大一部分来源于作者投稿，以及其他的推荐稿等。

当然，组稿并不是随意地集合一些稿件，只有将符合期刊总体编辑构思的稿件集合起来，才能称之为组稿。

组稿工作是由期刊编辑来进行的，期刊编辑在进行组稿的时候，是需要发挥其主观能动性的，编辑们要利用自己的思想意识和学术品位等去开展这项工作。应该说，组稿工作是一项具有很强的思想性和艺术性的工作，而不仅仅是一项事务性或技术性的工作。

期刊编辑进行组稿活动时，必须将选题计划或总体编辑构思作为组稿依据，同时寻找合适的作者。作者选择合不合适，是一次组稿工作能否成功的关键。因此，选择作者是组稿工作的重中之重。要选择好作者，第一是要和作者建立起良好的关系。有良好关系的作者越多，越利于组稿中作者的选择。第二需要了解作者。对作者越了解，选择的准确性就越高。第三要讲究工作方法。工作方法越灵活，组稿成功的可能性就越大。

按照选题计划进行组稿和按照总体编辑构思进行组稿，二者不是完全相同的组稿方式。按照选题计划组稿，是组稿的最主要方式，是贯彻编辑意图的可靠保证。而按照总体编辑构思进行组稿，也即组稿的题目并不在选题计划之内，但却符合总体编辑构思。这种情况的发生，一般是编辑在按选题计划向作者组稿时，由于作者不同意而另行提出新的选题。期刊编辑如果觉得作者的选题虽然不符合选题计划但却符合期刊的总体编辑构思，也可以把总体编辑构思作为依据进行组稿。

把总体编辑构思作为依据进行组稿，要求编辑对期刊的总体编辑构思有正确的理解，否则可能会因为误判而组了不符合期刊总体编辑构思的稿件。如果遇到拿不准的情况，最好不要贸然行事，而应该经过编辑部研究确认新选题，合适后再组稿。

（二）投稿及其他

投稿，又称为自然来稿。这是作者主动写出稿件后投给期刊的一种方式。投稿与编辑组稿不同，投稿的主动性掌握在作者手里，写什么内容，投寄给哪家期刊，都是由作者自己确定，期刊编辑只能被动地接受稿件。但这并不是说期刊编辑就没有主动权了，其主动权就是在处理稿件时可以根据稿件情况确定采用或退稿，但这种主动权已经超越了组稿范围。

从深层次来看，期刊编辑看似对投稿没有主动权，其实还是有隐蔽的主动权的。因为，作者之所以把自己的稿件投给这个期刊而不是投给其他期刊，肯定是其认为自己的稿件适合这个期刊，一个作者肯定不会把自己的自然科学的稿件投给社科期刊。这就说明，期刊尽管并没有主动向作者约稿，但却主动向作者展示了自己需要和欢迎什么样的稿件。这就是期刊在投稿中隐蔽的主动性。

事实上，期刊能否收到投稿，收到投稿数量的多寡、质量好坏，很大程度上取决于期刊本身的影响力，影响力大的期刊，自然来稿就会多，质量也会好；反之，影响力小的期刊，收到的自然来稿会少，质量也相对较差。

和投稿相似的还有推荐稿。推荐稿指的是由专家、领导或其他人推荐给期刊的稿件。推荐稿和投稿的不同之处在于稿件的作者不是自己把稿件投给期刊，而是通过其他人推荐给期刊的，相同之处在于它和投稿一样不是期刊编辑主动约稿的。

一般来说，推荐稿件的人大多是和期刊有某种关系者，所以和一般的投稿者相比，要更熟悉期刊的特色和风格、要求等，因而稿件的适用性也较大。同时，推荐稿由于经过专家和领导等推荐人鉴定过，所以质量常常会有保证。

总起来说，推荐稿和投稿相比，具有其优越性。当然，具体到一篇推荐稿来说，编辑不可有心理定式，不管是谁推荐的，都要认真审阅，以免出现问题。

内部稿指的是期刊编辑自己写的稿件。内部稿有的时候是期刊编辑因期刊急需，来不及向外组稿时而写的；有的时候是配合期刊需要的资料性文章。它既可以是为完成任务而进行的被动之举，也可以是期刊编辑的主动之举。这两种尽管都是内部稿件，但性质却不一样：前一种近似于组稿性质，后一种则和投稿类似。

内部稿对期刊来说，往往是不可或缺的，特别是对于一些时事类期刊来说。因为期刊编辑更了解期刊的需求，因此，即便是主动写就的稿件，一般来说，也会很契合期刊的需要。有时候，有些选题的优选作者也许就在期刊社内部，这样就不必向外约稿了。

一般来说，期刊会尽量少刊登内部稿件，而尽量刊用外部稿件，这是一种好的传统，不仅受外部作者的欢迎，也利于期刊自身的健康发展。

（三）正确认识和看待投稿和组稿

一般来说，对一个期刊来说，内部稿件不宜多，但也不能没有。推荐稿也是如此。

前面已经提到，内部稿中既有组稿性质的，也有投稿性质的；推荐稿则是投稿性质的。期刊编辑一定要正确认识和看待组稿和投稿，只有这样，才能正确对待内部稿和推荐稿。

第一，组稿的主动性与接受投稿的被动性。对一个期刊来说，接受投稿看起来是被动的，但这其中又有主动性，这种主动性不仅体现在前述中所说的隐蔽的主动性上，还体现在对投稿的处理上。到底采用不采用投稿，期刊编辑有完全的主动权，而不像组稿那样受约束。

组稿看起来是期刊主动进行的，可以就稿件的内容和字数等和作者约定，有很大的主动权，可是，稿件最终能组织成什么样，期刊编辑并不完全有把握，存在很多掌控不了的情况，这是由于约定是一回事，作者最终写成什么样又是另一回事。也就是说，组稿的主动权由作者和期刊编辑共同掌握，而并非只掌握在期刊编辑手中，作者手中的那部分主动权就是期刊编辑被动的部分。

从以上分析可以看出，组稿和投稿，对期刊编辑来说，都是既有主动性，也有被动性，不能把组稿的主动性与投稿的被动性绝对化，而只重视组稿、忽视投稿。

第二，组稿的作用是显见的，它是期刊贯彻办刊方针和办刊宗旨、总体编辑构思以及保持期刊特色和风格的重要保证。尽管组稿是期刊稿件的重要来源，但也不能不重视其他来源的稿件，否则会得不偿失。如果一个期刊只刊登组稿，就会和过多刊登内部稿一样，很容易使期刊进入一个封闭系统，并进而影响期刊的办刊质量和长远发展。

当然，不把组稿当作唯一的稿件来源，并不是说就不承认它之于期刊的重要价值，它仍然是期刊最重要的支撑。选题计划中的一些选题，特别是重点选题和系列选题等等，主要还是要依赖组稿来完成的，每一个期刊编辑对这一点都必须有清醒的认识。

第三，过分依赖投稿，其不利之处和将组稿作为唯一来源一样。投稿相比组稿来说，不用费时费力，可以自主地从中选择自己需要的，既不必费力地去拟定选题和组织作者写稿，又可以自主地选择自己需要的稿件，和组稿相比，可以说是既省力又省事。一般来说，推掉不合适的组稿，比较费事，而推掉不能用的投稿，就相对简单多了。所以，有一些不是很专业和比较疏懒的期刊编辑，往往就不依赖组稿而是靠从投稿中挑选稿件来办刊。这种情况很容易导致期刊的办刊质量取决于来稿的质量而不是取决于编辑的办刊水平的状况发生。期刊的办刊方针、办刊宗旨、总体编辑构思在实际的办刊过程中就很难贯彻落实，来什么米就只能做什么饭，很难将期刊办出特色和风格。长此以往，期刊的长久发展肯定就会出现问题。

从以上分析可以看出，一个期刊要想办出特色，办出生气，就要既重视组稿，也不可忽视投稿，同时还要正确看待推荐稿、内部稿等。对一个期刊来说，稿源越丰富越好，每一种米源的稿件，对期刊的办刊质量和发展都各有其不同的作用。

二、做好组稿工作的方法

（一）组稿与对作者的选择

做好组稿工作，最重要的是要选择好作者，也就是要选择好组稿对象。要做到这一点，就必须做好以下几方面的工作。

首先，要建立一支专业结构合理、年龄梯队合适的作者队伍。只有建立起了作者队伍，组稿才有基础，选择作者的时候才有余地，否则就会捉襟见肘，对组稿会非常不利。

其次，编辑人员一定要熟悉每个作者的专业和专长，要经常和作者沟通和交流，了解他们的研究动向，只有这样，才能确保在组稿选择作者时目标明确，也才能做到优中选优。

再次，一定要对作者的时间状况有充分的了解，确定作者有时间完成约稿。这是组稿、选择作者的基础。要注重作者队伍的培养，使作者队伍不断扩大，并经常更新。了解作者看似简单，其实很烦琐，既需要编辑用心，又需要编辑有比较好的沟通技巧。对作者的了解程度，会直接影响到组稿的成败。比方说，一个作者是很好的组稿对象，但由于他手头的课题多，根本抽不出时间来写稿，就无法接受组稿任务。

有长期合作的作者队伍，而且了解作者的手头工作状况，这两点就提供了组稿工作的基础。但要组稿成功，仅有这两点还是不够的，还要求对作者的选择有正确的认识，否则也会影响组稿质量。

一般情况下，组稿选择作者的时候，期刊编辑会把知名作者和专家排在一般作者的前面。这样做当然没错，可是，如果把这样的经验当成一种普适的规律，也可能会导致走入误区。这是因为：第一，每一个专家都是自己所从事领域的专家，而不是在任何一个专业都是专家，选择作者的时候，合适是第一选择，不能只看专家头衔。第二，对专家来说，其稿件也不是每篇都是精品，如果很多期刊都把目标集中在少数的专家身上，会导致专家疲于应付，并最终导致其作品趋于粗制滥造，质量下降。同时，这样做，也不利于年轻作者的成长和成熟，对作者队伍的梯队建设没有好处。第三，就算是专家所从事专业的选题，有时候最佳作者也未必就是专家。因为稿件最终都是给读者看的，不同的读者群对同一篇稿件会有不同的评价。比如，一个少儿期刊构思了一个介绍沙漠知识的选题，这时候，如果挑选一位研究沙漠的专家来写，写出的稿件，观点和内容肯定都没有问题，但未必能引起少儿的兴趣，也未必适合少儿阅读，读了他们也未必能读懂。也就是说，从专业的角度讲，专家是最优选择的作者，但从少儿读物的角度分析，专家就不一定是最优选择的作者。所以，组稿选择作者的时候，不能只看作者的专业水平和学术能力及影响，还应该考虑其与读者群的契合度。

同时，要想做好组稿和选择作者的工作，对期刊编辑来说，也是一个挑战，要求其必须具备一些基本的条件：首先，期刊编辑要有比较高的政治素质、学术素养、艺术涵养。这是期刊编辑必备的基本素质，也是做好组稿工作和选择好作者的基础。其次，必须对选题有了解，而且了解得越多越透彻越好。只有这样，组稿联系作者的时候，才能更有针对性，也才能让作者理解选题的真正要求。再次，期刊编辑必须掌握与选题相关的各种信息，以便组稿的时候提供给作者，有助于作者写出的稿件具有新颖性。最后，期刊编辑在组稿前一定要做好充分的准备工作。这个准备工作除上面提到的几点外，还包括明确对作者的具体要求等。

（二）组稿工作应明确的要求

期刊编辑在向作者约稿时，必须对作者有明确的交代。选题不同，交代的内容会有不同，但至少下面五个方面的事情，应该向作者交代清楚。

第一，要让作者充分了解期刊的性质，同时还要清楚地向作者交代选题的意图、根据，以及要解决的问题等。同样内容的选题，不同的期刊会有不同的要求，比如，学术性期刊要求的深度会比通俗性期刊深，而且即使同是学术性期刊，不同期刊对稿件内容的重点和写作手法等要求也会各有不同。要使约来的稿件符合期刊的要求，就必须让作者充分了解期刊的性质及对选题的具体要求。

第二，必须让作者清楚稿件所针对的读者群，清楚读者群的文化状况、兴趣状况，及其对选题的基本认识和困惑等。清楚读者群对选题的基本认识和困惑非常重要，因为只有做到了这一点，写出来的稿件才真正有针对性，才能受读者欢迎，也才能真正实现选题所要到达的目的。每一个期刊都有自身特定的主要读者群，还有主要读者群之外需要兼顾的读者群，主要读者群和需要兼顾的读者群的需求是不同的。不同的选题，是否要兼顾主要读者群之外的读者群，兼顾到什么程度等，是有一些细小的差异的。期刊编辑要让作者了解这一点，以使他们和期刊保持一致。学术期刊编辑还应向作者交代期刊的规范化要求等。

第三，必须让作者清楚期刊的办刊特色和办刊风格。因为作者只有清楚了这一点，才可能与期刊编辑配合，参与到创造期刊特色的行动中来。期刊风格的创造和保持，不仅需要期刊编辑努力，也需要作者的助力和配合。当然，期刊有期刊的风格，作者也有各自的风格，期刊的风格不可能与作者的风格完全一致，要求作者配合期刊的风格，并不是要作者放弃自己的风格。事实上，期刊的风格与作者的风格是可以并行不悖的。

第四，必须告诉作者稿件的字数限制。每一个期刊的页码都是固定的，每个栏目所占的页码也是有限制的。每个选题在一期期刊中占多少页码，期刊编辑在总体编辑构思中会有考虑，而这一点作者并不了解，这就需要编辑向作者作交代。作者了解了字数要求，不仅方便自己写作，也不至于打乱期刊的总体编辑构思，可谓一举两得之举。

第五，必须让作者清楚交付稿件的具体时间。期刊是有时间性的连续出版物，不仅内容要求既新且快，而且时间也要按时出版，只要有一篇稿件延误，就会影响整个期刊的出版工作，甚至会导致期刊脱期。脱期对一个期刊来说，可谓大事故，是对读者、对社会的严重失信。对这一点，不但每个期刊编辑必须有充分的认识，期刊编辑也要帮助作者真正认识到按期交稿的重要性和必要性。

以上五点，都是期刊编辑必须让作者了解的内容。至于怎样让作者了解，怎样向作者交代，可以因人而异。例如，对老作者来说，他们对期刊的性质、办刊特色和办刊风格都比较了解，就不必一一详细向他们介绍，只要向他们交代清楚具体选题的要求就可以了。但对新作者来说就不同，他们对期刊不是很了解，期刊编辑除了像对老作者一样向他们介绍选题的具体要求外，还应该详细向他们介绍期刊的性质、办刊特色和办刊风格等。另外，交代的重点也可因人、因选题而异，即对不同的作者、不同的选题可以有不一样的侧重点。

上面五点要求，是期刊编辑要向作者交代的，期刊编辑在交代这些要求的时候，一定注意方式方法，要用婉转的、商量的口气，而不是命令的口气。期刊编辑不能因为掌握媒体资源和组稿权利，就向作者发号施令，而是要充分尊重作者，允许作者提出自己的看法和意见，即使是遇到作者提出不合理的意见，也只能和作者反复沟通，争取作者谅解，并最终达成共识。

（三）组稿的其他方式

对编辑来说，面对投稿和推荐稿，相对要被动一些。为了吸引到符合期刊需要的好的投稿和推荐稿，期刊编辑能做的就是把期刊办好，办出特色，办出风格。待投稿和推荐稿到了编辑部以后，编辑要做的就是沙里淘金的工作了。这就要求期刊编辑要有一双慧眼，能够发现适合期刊刊用的好稿件。另外，编辑的慧眼还要能够从投稿中发现潜在的作者，也就是说，有的作者可能本次投来的稿件不符合期刊要求，无法刊用，但编辑却可以从这个稿件中发掘出作者所拥有的发展潜力，可以成为期刊未来作者队伍中的一员。这个工作对期刊的长远发展可谓意义重大。同时，编辑自身要善于学习，多做研究，多出好的内部稿件，做到期刊需要的时候就能顶上来。

组稿还有一些其他的方法，比如：召开研讨会、专题讨论会，征文，开展争鸣，专访等，这些都可以作为组稿的补充方式。

1. 研讨会、专题讨论会。研讨会和专题讨论会，二者有相通之处。它们一般都是由期刊社或期刊编辑部选定主题,然后组织会议研讨。一般来说,研讨会的主题相对于专题讨论会要更宽泛一些。期刊社或期刊编辑部确定主题后,要根据主题需要来确定参加人选。会议的效果一方面取决于确定的主题和参会人员是否合适,另一方面还取决于参会人员是否做了充分的准备,以及会议主持人的引导是否科学、高明。一般来说,一个好的研讨会和专题讨论会的发言稿,稍加整理和加工应该就是一篇很好的可以刊发的稿件。

研讨会、专题讨论会的主题,对社科期刊来说,最好是社会上的一些"热点"问题;对自然科学期刊来说,最好是自然科学领域里的一些新问题和新技术。参会人员最好是对相关主题有研究并有相关成果的人,这些人最好有几种不同的意见和观点。在研讨会、专题讨论会之后,可进一步做组稿工作。把一些观点很有见地的发言者作为约稿对象,组织他们撰写专题稿件。这可谓一举多得之举:既可以让作者充分阐述自己的观点,同时,经过讨论会集思广益后撰写出的稿件质量肯定相对要高。为了做到这一点,山东女子学院学报编辑部积极参与学校科研处和妇女研究所每年举办的国际妇女研讨会,在确定主题阶段就参与进去,对参会专家积极跟踪、交流,同时,编辑部全体人员全程参会,整个过程下来,专题和相关作者也就基本确定了。这种方式值得其他期刊社或期刊编辑部学习。

2. 征文。征文是由期刊编辑部出题目,以公开方式征文。这是一种比较开放的组稿方式。这种方式既能广泛发动社会各方面的人给期刊撰稿,扩大稿源,又有希望从中发现新作者,同时,也可以为期刊做宣传,提高期刊的社会影响力。征文能否成功的关键也取决于是否有好的主题。越是大家关心的、能引起争鸣和探索的主题,效果一般也会越好。

为了确保征文质量,达到预期效果,在公开方式征文的同时,也可以定向向有关专家就征文主题进行组稿，当然，这些专家一定要对征文主题有研究。

3. 争鸣。争鸣就是在刊物上就某一话题或某一观点等展开不同意见的探讨。它要比一般的研讨、讨论更有针对性，更便于把问题深化，而且也更受读者群的接纳和欢迎。争鸣一般是用于学术讨论，对促进学术繁荣有很大的促进作用，同时也可以扩大期刊的稿件来源。这种方法既适用于社科期刊，也适用于自然科学期刊。至于争鸣的问题，当然也是越是热点越好。

4. 专访。专访是就某个或某些问题由期刊编辑对一些专家、学者等进行访谈，访谈后，将内容整理成为文章。一般来说，专访是报纸最常用的一种方式，但对期刊来说，也同样适用。专访最大的优点是可以做到主动、及时。

专访是用访谈、一问一答的方式进行的。谈什么问题的主动权，一般来说掌握在问问题的期刊编辑手里。

专访工作能否做好，很大程度上取决于期刊编辑的准备工作做得怎样：做得好，专访工作就会顺利，就能达到预期目的；反之，就不会有好的效果。对期刊编辑来说，进行专访工作，并不是有了问题就可以了，还要对这些问题的背景有充分的了解，而且要有自己的见解，这样的访谈才会精彩。而访谈后的稿件质量如何，不仅取决于被访专家的水平，也取决于期刊编辑的水平——期刊编辑的访谈能力和文字水平都会影响稿件质量。

除了上述组稿方式，更多的组稿方法，还需要期刊编辑者不断创造。

第二节 审稿

一、审稿的性质与意义

（一）审稿的性质

我们可以打个比方，用比较形象的方式说明组稿和审稿之间的区别和联系：如果把做期刊看作盖楼，那么，组稿工作就可以看作是从原材料厂进原料，而审稿工作就相当于对进来的原材料进行检验，剔除不合格的原料，把合格的留下，以确保工程质量。当然这种比喻也许不是很贴切，因为审稿和检验建筑工程材料相比，还有自己独特的性质，这种性质是由期刊稿件的精神产品属性带来的。审稿是一项学术性和思想性很强的工作，和一般的技术性检验工作不同，它要完成的是对稿件内容的思想性、科学性、趣味性等进行鉴别和判断，而不是对稿件外在的物质表现形式进行鉴别和判断。

对稿件进行鉴别和判断，指的是对稿件的政治质量、学术水平、艺术质量等进行鉴别，以判断其是否符合期刊的要求等。所有这一系列的鉴别、判断、筛选工作，都是基于对所审读稿件的认识而做出的。审稿工作中对稿件的鉴别和判断，都是以期刊编辑的政治素养、学识水平、艺术水准等为基础的，期刊编辑只有拥有较高的政治素养、学识水平和艺术水准，才能对稿件有相对准确的鉴别和判断，所以说，审稿是一项对期刊编辑要求很高的工作，其思想性和学术性都比较强。

由以上分析可见，尽管说审稿只是期刊编辑工作中的一环，但却是至关重要的一环，它是一个承前启后的工作：之前的选题计划和组稿工作都是为审稿准备稿件的过程，所以说，审稿也是对前面各个环节的检验；而审稿工作之后的修改和加工、编辑、校对等，都是审稿的后续工作。

从整个期刊编辑工作的过程来分析，可以说，审稿是其中非常重要的一环。

（二）审稿的意义

从以上对审稿的性质进行的分析可以发现，审稿在整个期刊编辑工作中有着非常重要的作用，占有很特殊的位置。应该说，审稿过程，不仅仅是在给期刊鉴别、选择稿件，事实上，站在更高的角度来分析，它应该是给整个社会鉴别、选择优秀的精神产品。因为期刊实际上是一种文化现象，它最终要在社会上传播并产生影响。例如：期刊编辑在审稿时，必须对稿件是否符合社会主义核心价值观，是否有利于社会主义物质文明、精神文明和政治文明建设进行鉴别和判断，也就是说，期刊编辑必须保持清醒的政治头脑，根据社会主义核心价值观来鉴别和选择稿件，绝对不能让错误、片面的东西进入社会，在社会上产生不良影响。

无论是为期刊对稿件进行鉴别和选择，还是为社会对稿件进行鉴别和选择，都是具有社会意义的。其社会意义，不仅体现在可以向社会传播正确的思想，还表现在其可以向社会传递科学知识、科学思想、科学信息和优秀的艺术。同时，通过审稿工作发现和挖掘出人才，也是展现其社会意义的重要方面。

而对期刊自身来说，审稿也可谓意义重大。它既是落实期刊办刊思想、办刊宗旨、办刊方针、体现期刊总体编辑构思的保证，也是确保期刊办刊质量、创造和保持期刊办刊特色、办刊风格的保证。如果期刊编辑在审稿过程中做不到严肃认真，那么，上述工作都将没有办法保证，期刊的发展前景无疑堪忧。

当然，审稿最直接的价值在于确保所审稿件本身的质量。比如：要判定稿件是不是符合期刊的总体编辑构思，是不是符合期刊的办刊宗旨、办刊风格和栏目要求等，而最重要的是要对稿件的政治性、学术价值、艺术水平等进行准确鉴别和判断，并对如何提高其学术性、艺术性、思想性等提出具体明确的意见和建议。一般来说，完美的稿件几乎不存在，总是有这样那样的问题，需要通过审读来发现和解决这些问题。

第一，稿件中可能存在政治性、学术性或艺术性的问题，如果问题比较严重，就得弃用；如果问题是局部的、可以修改的，那么就要在审读意见中提出具体修改建议。这些问题只有通过编辑的认真审稿，才能发现和判断。

第二，稿件的结构也许存在问题，这种问题会严重影响稿件的逻辑性，使稿件的逻辑性和说服力大打折扣。期刊编辑如果通过审稿发现这些问题，就要提出修改意见和建议，使稿件的框架结构更完整、有序，否则，稿件就无法刊用。

第三，稿件在文字表达、叙述方法上也有可能有问题，这样的问题通过审稿发现并修改后，可以使稿件的思想性、学术性、艺术性得到更好的体现。

上述问题，在不同的稿件中会不同程度的存在，这就决定了对稿件进行审读具有非常大的必要性。可以说，稿件本身的实际需要恰恰是审读工作的意义和价值之所在。

（三）对审稿工作的错误认识

审稿工作具有很重要的意义和价值，但并不是所有人都对这一点有清醒的认识，对审稿工作还存有这样或那样的错误认识。比如，有的人认为稿件是作者写的，反映了作者的思想和观点，文责自负，编辑没有必要审稿，甚至有人怀疑编辑审稿的必要性。他们认为稿件中的问题，应该由也只能由作者负责，而不需要期刊编辑负责，期刊编辑干吗去找麻烦审稿呢？

这样的观点乍听起来似乎是有道理的，但如果用这种观点来否认期刊编辑审稿的价值却一点也没有道理。根本的问题在于，作者文责自负和编辑负编责是完全不同的两码事，作者对稿件负责没有办法代替期刊编辑的审稿工作。期刊编辑审稿并非要替作者负文责，而是在履行他作为编辑的职责。

第一，期刊作为一种文化现象，对读者群、进而对社会会产生影响。用什么样的内容去影响读者和社会，不只是作者需要负责，期刊编辑也要负责。如果没有期刊编辑的审稿，把观点错误的稿件刊发出来，推向社会，会在社会上产生恶劣影响，尽管作者要对这种错误负责，但编辑也必须负责。期刊编辑要对社会和读者负责，就必须审稿。

第二，期刊编辑审稿，并不影响作者的文责自负。同样，作者文责自负，也不影响期刊编辑审稿。作者要负的是文责，期刊编辑要负的是编责，这是两种不同的责任。期刊编辑对稿件进行审读，不仅要鉴别和判断稿件的政治性、学识水平和艺术水平，还有很多其他方面的内容，比如：稿件是否符合期刊的办刊方针、办刊宗旨、期刊的总体编辑构思等。没有编辑的审稿，对这些就无法做出判断。

另外，有的期刊编辑遇到权威专家的稿件，就认为不必进行审读，这其实也是一种错误的认识。有这种认识的编辑以为，自己作为编辑没有资格或能力去审读权威专家的稿件。这种观点看似有道理，可是却无法成为不必审稿的依据。期刊编辑不是全才，有些方面不懂需要向专家请教很正常，遇到这种情况，可以请外审专家审稿，但这并不是说期刊编辑就不需要审了，而是期刊编辑有期刊编辑的审稿角度。权威专家只是某个学科的权威，并不是编辑学的权威专家，甚至他们有可能对编辑学根本不了解。所以说，对权威专家尊重没有错，但尊重并不代表期刊编辑可以放弃审读他们的稿子。而且，即便是权威专家自己学科的内容，也不是完全没有问题，一些大家出错也是很正常的。所以说，不管稿件出自专家之手，还是出自普通作者之手，期刊编辑都必须对稿件进行审读。

当然，期刊编辑审读稿件时，态度一定要谦虚，同时也不能过于挑剔。

二、审稿的内容

（一）审稿的任务

审稿的性质决定了审稿的任务，由上面对审稿的性质的论述可以将审稿的任务区分为深浅两个层次来探讨。

1.较深层次的任务。深层次的任务主要体现在以下几个方面：（1）期刊编辑要鉴别稿件的内容是否合适。这是审稿最重要和最核心的任务。而对内容的审阅，主要从以下几个方面来看：第一，要看稿件的观点是否正确。第二，要看稿件的内容是否符合期刊的总体编辑构思、期刊的办刊方针、办刊宗旨和办刊任务等，还要看稿件是否符合期刊的选题要求。第三，要看稿件是否有新观点、新思想等。（2）期刊编辑要看稿件表述、框架是否恰当。合适的内容还需要有合适的表达方式、合适的框架结构，只有这样，合适的内容才能得到比较好的表达。（3）期刊编辑要看稿件内容的逻辑性如何，还要看稿件的图表、数字、事实是否准确、合理。（4）在上述审阅的基础上，要对稿件做出总的评价，指出优点，提出缺点和需要改进之处，并针对这些缺点和需要改进的地方，提出针对性的修改意见。

2.浅层次的任务。浅层次的任务主要有以下几个方面：（1）要看稿件是否有抄袭和剽窃现象，是否是一稿多投等。（2）要看稿件的可读性怎样。（3）要看稿件的内容能否吸引读者、能否引起读者共鸣，读者会否对其观点和内容感兴趣等。

两个层次的审稿任务之间其实是相互交叉的，这是由于所谓的深浅是从不同角度来看的。深层次的任务是从纵向角度对稿子的分析，而浅层次的任务则是从横向角度对稿件的观察。

（二）审稿重点

能否对稿件有正确鉴别和判断，很大程度上取决于是否对稿件进行了认真的审读，而认真审读，需要掌握审稿的重点方面。

审稿的重点要把握两点：一是从稿件是否符合期刊的办刊方针、期刊的总体编辑构思，是否符合期刊这个系统，在时间上是否符合期刊的需要等外部关系方面对稿件进行鉴别；二是从稿件的政治思想性、学术水平、艺术价值等方面对稿件的内部质量进行考察。

1. 稿件的外部关系

（1）审核稿件是否适应期刊的办刊方针、办刊宗旨等。稿件是否符合期刊的办刊方针、办刊宗旨，是否适合期刊的读者对象等，是审读工作首先要进行考察的。一个科普性质的期刊，收到的稿件如果是学术性很强的，这个稿件就不会适合这个期刊；面向青少年的期刊，有关成人内容的稿件就不合适；一个社会科学的期刊，有关自然科学的稿件就不合适。审稿的第一步如果发现稿件不符合期刊的办刊方针、办刊宗旨，不用审读其他方面即可将稿件剔除了。这一步审读要求期刊编辑要严格执行期刊的办刊方针和办刊宗旨，不能以自己的好恶决定稿件的取舍，自己感兴趣的就留下，自己不感兴趣的就退回。只要期刊编辑了解期刊的办刊方针和办刊宗旨，并严格执行期刊的办刊方针和办刊宗旨等，这一步审读工作就比较容易进行。

（2）审核稿件是否具有系统适应性，也就是对稿件和期刊的契合程度进行考察。具有系统适应性的稿件，一定是符合期刊的办刊方针和办刊宗旨的。但符合期刊的办刊方针和办刊宗旨的稿件却未必具有系统适应性。比方说，稿件尽管符合期刊的办刊方针和办刊宗旨，但和期刊的办刊风格和办刊特色却可能不相适应，这种稿件，就不具备系统适应性。对系统适应性的审核，一般来说不像对其是否适应期刊的办刊方针和办刊宗旨的审读那么简单、明显。如果没有对稿件系统适应性的审读，期刊就很难确保质量、特色和风格。

对稿件系统适应性的审读，一要鉴别其是否是期刊的微观总体编辑构思所需要的，和期刊中的其他稿件之间是否协调；同时还要从期刊中观总体编辑构思和宏观总体编辑构思的角度，纵向考察稿件与前后期同一栏目的稿件是否有呼应性。对那些没有呼应性的稿件，就要进行剔除。

（3）审读稿件的时间适应性。期刊作为定期出版的连续出版物，每期的出刊时间都是固定的。对稿件的时间适应性进行审读，就是考察稿件是否满足此时期刊的需要，将不适合的过时稿件剔除掉。对时间适应性的审读，就是根据期刊当时面对的形势、政策等考察稿件是否适合。过时或时机不到都说明稿件没有时间适应性。当然，这样的稿件本身也可能并没有什么问题，只是时机不对而已。比如，一个生活类期刊，在冬天就不适合刊发大谈扇子、冰淇淋的稿件。

对稿件时间适应性的审读，需要期刊编辑头脑清醒，对外界的形势等反应灵敏，一般来说，期刊从审稿到刊发出来都需要一个较长的过程，这就要求期刊编辑必须有预见性，只有这样才能对稿件的时间适应性进行正确考察，使稿件在合适的时机刊发出来。期刊作为时间性较强的连续出版物，必须非常重视对稿件时间适应性的审读。

2. 稿件的自身质量

稿件的自身质量，是编辑决定对其取舍的关键因素。

（1）审读稿件的政治性和思想性。政治性是决定稿件质量的最重要的方面，政治是稿件的高压线，所以稿件的政治性是其自身质量的首要问题，也是期刊编辑首先要审核的重点内容。思想性反映了稿件的观点和立意是否准确，期刊编辑也需要对其进行认真审读。

对稿件的政治性和思想性进行审读，首先要看稿件的政治立场和学术观点是否正确，稿件的政治和思想正确，是对其最基本的要求。这是由中华人民共和国编辑出版事业的性质和任务决定的。至于稿件思想性的强弱，则不同的期刊会有不同的要求。当然，一个稿件，思想性强比思想性弱要好，因为思想性强的稿件，对读者的启发意义应该更大。可是，一些生活类的期刊对稿件的思想性可能要求就不会那么高，而是更注重稿件的娱乐和欣赏价值。所以，我们没有必要对稿件的思想性做机械的要求，而是应该根据期刊自身的特点来判定。

（2）对稿件的学术性进行审读。应该说，稿件的学术性涵盖的内容很多，其思想性事实上也是学术性的问题之一。这里所指的学术性，主要指的是学术要具有科学性，科学要具有正确性，而事实要有准确性等。

首先，稿件的学术性要求其在学术上是科学的，要排除一切以学术面孔出现的伪科学和不科学的内容。对稿件的科学性进行审读，主要从以下几个方面进行：第一，要看稿件的论题是否科学，论据是否充分，论证是否合理，论证过程不允许歪曲和割裂事实，对事实断章取义，对证明探索类的稿件尤其需要关注这一点。第二，要看稿件是否比以往的研究提出了更多的新材料、新论据，或者即便是没有新论据，但对旧论据却有了自身更新的论述等。第三，要看稿件是否提出了较以往研究科学合理的新观点。稿件的创新性要求是期刊的一般要求，一篇稿件的学术价值高低也恰恰取决于其是否有新观点。当然，对学术性期刊、普及性期刊等不同性质的期刊来说，它们对稿件学术性高低的要求是不一样的。

科学是否具有正确性，指的是稿件的内容从科学的角度看是否正确。比方说，科学上已经证明永动机是不科学的，如果稿件还在宣传永动机的有关事情，那么它就没有科学的正确性。

事实是否有准确性，也是一篇稿件是否拥有科学性的重要方面。审读过程中，要注意以下三点：第一是过于浮夸。比如，过去宣扬"人有多大胆，地有多大产"即是浮夸的表现，当然，现在这样的例子已经很少见了。可是，夸大某个研究成果的价值和意义的现象却随处可见。比如，报刊宣传经常能够看到"达到国际先进水平""填补了国内空白"等，这些话可能有的是事实，可是不是很多就是浮夸呢？对这些，期刊编辑在审读的时候是有必要确认一下的，要确保稿件的文字表述准确、科学。第二是绝对化。如果把观点表述得绝对化，就会失去科学性。金无足赤，人无完人，绝对化就会走向其反面，变得不科学、不准确了。真理也是相对的，没有绝对的真理，讲真理绝对化就不是辩证唯物主义，而是形而上学的了。第三是把传闻看作事实。这也是稿件中经常看到的错误，编辑在审稿中要对此保持警觉。

（3）艺术技术性。一般来说，说到艺术性，人们就会想到文艺作品。应该说，对于文艺作品，不管其思想性多强，假如它表现出来的形式没有艺术性，那就不是一篇好的文艺作品。不仅仅是文艺作品需要艺术性，即使是社会科学和自然科学类的稿件，也需要艺术性。当然，对于以思辨性见长的社科和自然科学期刊来说，不能以文艺作品的艺术性来同等要求，而是应根据其自身的特点，把稿件写出艺术性来，这样，不仅可增强说理性，而且还可增加可读性。

另外，不管是对自然科学学术性期刊来说，还是对社会科学学术性期刊来说，还都必须审核其逻辑性和学术性方面的问题。如果稿件逻辑混乱，或者参考文献、图表、标点符号等技术性方面有问题，就会对稿件的质量造成影响。逻辑混乱就很难阐述清楚要表达的观点，甚至让人得出与其要表达的观点完全相反的结论。参考文献、图表、标点符号等技术性方面存在问题，不仅影响稿件的形式美感，也同样会对稿件的观点表达产生负面影响。因此，编辑在审稿时，对这些问题都得特别注意。

上述论及的稿件的外部关系和自身质量六个方面的问题，是期刊编辑审稿时要注意的主要内容，但并不是全部内容。这些主要内容对所有期刊都通用，可是对不同性质的期刊来说，还是各有其不同的特点的。六个方面共存于每一篇稿件中，却并不是孤立的，彼此之间是有关联的。所以分开论述，只是为了分析方便。总之，审稿是一个技术性很强的工作，需要期刊编辑对稿件综合各方面因素，最终给出理性的综合判断。

三、审稿方法

期刊稿件一般采取的是三审制。三审制不仅体现了审稿工作的严肃性，也可以保证审稿质量。三审制，一般是指：编辑初审，编辑室主任复审，主编终审。因为各期刊编辑部的人员、结构等情况各有不同，有的不设编辑室，但有编委会，则由主编复审、编委会终审，或者反过来进行。

三审中，编辑的初审是基础性工作，初审编辑要对稿件进行全面的审读，提出理性的评价、建议，以及是否采用的处理意见。初审意见要简明扼要，不能模棱两可，如果有疑问，也可以提出来。复审是在全面阅读稿件的基础上，对初审意见进行肯定、否定或补充。终审指在通读或抽读稿件的基础上，对初审和复审意见进行判断、审核，并做出最终处理意见。

对于一些稿件，有的期刊社或期刊编辑部还会请外审专家审读，也就是我们常说的外审，外审稿件一般包括下面几种情况：政策性比较强的稿件，编辑把握不准时，要请外审；学术性很强的稿件，编辑无法看懂；编辑审读不了、无法做出刊用与否的稿件。

除了将整个稿件送审，有时也可以就某个或某些具体的问题请求外审专家审读。外审只是三审程序的一个补充，不能取代三审中的某一审，外审意见也只是提供给期刊社或期刊编辑部作参考，稿件的最终处理意见，还是要由期刊社或期刊编辑部自身做出。

为了高质量地审读稿件，期刊编辑必须不断地提升自己的编辑素养，拓宽自己的知识宽度，并不断总结审稿方法和技巧。笔者根据自身的审稿经验，提出如下的审稿方法，以供同行参考借鉴。

（一）综合法

所谓的综合法，也就是全方位地对稿件进行审读的方法。而全方位，一方面是指要微观、宏观共同进行，另一方面是指要从不同的角度对稿件进行审核。

审稿时，必须逐字逐句地进行，连一个标点符号也不能错过。这种从微观着手的审稿态度是最基本的审稿要求。如果审稿时，做不到逐字逐句，而是一目十行的话，有些问题可能就发现不了，就无法对稿件做出正确判断。当然，对于一些很差的稿子，一眼就能看出好坏，也就不必这样逐字逐句地去审读了。

可是，如果只是这样逐字逐句地去审读稿件，只是从微观处着手的话，就有可能只见树木，看不到森林，而无法对稿件有整体的恰当的判断，从而就有可能捡了芝麻，丢了西瓜，进入审稿误区。

综合法审稿要求审读时要从微观着手、宏观着眼。也就是说，不仅要一字一句地审读稿件，同时还要把稿件的整体框架装在脑子里。也就是说，既要看到细枝末节，又要顾及稿件整体，既要见到微观，又要想着宏观。

综合法审读稿件，一般可以采用先粗看一遍稿件，大体把握稿件整体状况后，再逐字逐句地细读，这样就能更好地把握稿件，并对稿件情况做出客观判断。

综合审读，还有另一个意思，也就是要对稿件进行不同角度的全方位的审读。只有这样，才能对稿件进行全面客观的判断，并在此基础上做出取舍。

（二）分析法

分析法是指在审读稿件的时候边读边从纵横两个方面进行分析。分析的内容主要包括：稿件的主题——主题是否合适、其意义何在，意思表达是否充分透彻；稿件的论点——论点是不是明确，论点的科学性怎样，是否有创新点；稿件的论据——论据是不是可以充分证明论点，其可靠性怎样；稿件的结构——要分析稿件的结构是不是严谨，是不是有层次，等等。

用分析法审读稿件，要求编辑一定要客观冷静，要理解作者为稿件付出的辛勤劳动，要看到稿件的长处和优点，同时，又要有冷静的分析，带着评判的思维去发现稿件的不足，并对稿件提出建设性的修改意见。

（三）比较法

期刊编辑审稿的时候可以采用微观比较和宏观比较方法。

微观比较既可以是稿件本身各部分之间的比较，也可以是与同学科的其他性质相似或不同的稿件的比较。通过稿件自身各部分之间的比较，能够发现稿件各部分之间的内容安排和分量安排是否合适等。而和其他性质相同或不同的稿件的比较，能够判断稿件的优劣和质量状况。稿件有没有创新性，是需要通过这种比较才能确定的。

宏观比较指的是和不同学科的稿件的比较。宏观比较能够突破学科范围，利用其他学科的观点、理论等来增强对稿件判断的准确性。比如，一篇稿件提到的观点、方法，可能在其所在的学科是新的，但在其他学科可能就已经有过。在这种情况下，期刊编辑就不能推断其为新观点和新方法，而只能算是一种方法和观点嫁接，虽然嫁接的价值和意义也很大，但和创造本身还是有区别的。另外，在宏观比较中，期刊编辑还可以拓宽思维，对审稿也是大有裨益的。

一般来说，由于时间和精力有限，期刊编辑在审稿的时候没有办法进行大规模的宏观比较，只有在非常必要的情况下，才能做这种宏观比较。

（四）区别法

审读稿件时，如何在性质不同、大小不同的一大堆问题中，很快地区分、判断和处理好这些问题，需要用到区别法。将稿件的问题按照类属区分开，然后再加以分析处理，是相对科学的审稿方法。

第一，要把不同性质的问题区别开来。问题的性质不同，处理方法就不同，如果不加以区分，眉毛胡子一把抓，就会造成失误。比如：政治问题是政治问题，学术问题是学术问题，二者必须区分开来，如果将学术问题用处理政治问题的方法来处理，就会违背"百花齐放、百家争鸣"的方针，对学术发展肯定不利。反过来，将政治问题用处理学术问题的方法去处理，就有可能导致出现政治错误。再如，原则性问题和非原则性问题也要区别对待，原则性问题是必须修改的，如果不改，稿件可能就无法刊用；而非原则性问题则不同，作者同意修改最好，不同意修改，也还是可以根据具体情况考虑是否刊用。处理方法完全不同。

第二，要把大小不同的问题区别开来。处理问题的时候，不仅要区分问题的性质，还要区分问题的大小。性质相同的问题，会因其大小的不同而有不同的处理方法。贯穿于稿件头尾的问题是全局性的问题，这样的问题很难通过一般性的修改来解决，只有弃稿或者重新写；而存在于稿件某处的问题，一般来说是局部性的问题，这样的问题略加修改就可以解决。局部性的问题就算是政治性的问题，解决起来也不困难。把问题的大小区分开，就方便采取处理办法了。

另外，还要特别区分一些似是而非的问题，以免造成对策失误。

（五）多维法

多维法指的是用多维度思维的方法进行审稿。

多维度是相对于单维度而言的，单维度思维是一种封闭式思维，其思维角度、思维逻辑、思维指向、思维结果都是单一的。而多维度思维则不同，它是一种网状思维，其思维角度、思维逻辑、思维指向、思维结果都有多种。多维度审稿方法不仅能够提供更多的选择，并且能够促进思维的能动作用，充分发挥出编辑的主观能动性。一般来说，编辑审稿的时候，很容易形成一种思维定式，从而不自觉地陷入单维度思维中，并进而使编辑做出惯性的判断，不利于发现和扶植新事物，以及期刊创新。而用多维度方法审稿，就能突破这种思维定式，从而更好地去创新和创造。

第三节　修改和加工

一、修改和加工的必要性

（一）稿件的修改和加工

期刊编辑到底是不是应该对稿件进行修改和加工？对这个问题，也是有不同意见的。一般来说，作者对期刊编辑对其稿件的修改持反对或不喜欢的态度，作者的这种态度和心情是可以理解的。但是，对期刊编辑来说，发现稿件有问题甚至错误，假如不做修改，就是失职，对社会、对作者、对读者就不是一种负责任的态度，对自身的编辑工作也不是一种负责任的态度。当然，编辑有修改权，并不是不管需要不需要，对所有稿件都做修改，而是只能对需要修改的地方做修改。有些稿件根本不需要进行修改，而只是稍做加工即可，有的甚至连加工也不需要，比如，对一些法律、法规、文件等就不能做任何修改和加工。一般来说，多数稿件还是需要编辑的修改和加工的，只是程度不同而已。这一点，前面也有讨论。

（二）编辑对稿件进行修改和加工的客观依据

编辑对稿件进行修改和加工，不仅是其工作职责，而且也是稿件的客观要求，也就是说，稿件有修改和加工的需要。这些需要一般来说表现在以下几方面。第一，一些稿件在思想性、科学性等方面存在问题，这些问题也许不至于到拒稿的程度，但却严重影响稿件的质量，对这样的问题，期刊编辑就必须进行修改，而不能将带着问题的稿件推送到读者面前。第二，有的稿件可能没有观点、思想等问题，但如果存在文字拉杂、问题阐述得不清楚等问题，也需要编辑进行删改，这样才能突出主题，使稿件文字更顺畅，内容更有说服力，论述也更充分，可读性更高。第三，有的稿件选题可能很好，但论述的逻辑性或艺术性可能有问题，如果不对这些问题进行修改，也会影响稿件的质量，甚至会因此而无法刊用，这就要求编辑对问题进行修改，以提高稿件质量。第四，还有的稿件可能存在文字、标点等问题，或者存在一些技术性的问题，比如公式、图表、格式规范等有问题，也许这些问题相对于科学性、思想性、艺术性等问题来说是小问题，但小问题也不可小觑，必须对之进行修改和加工。

一般来说，一个稿件中总是或多或少存在上述几方面的问题，没有一点问题的几乎不存在，即使是大专家的稿件。这也就是说，几乎所有的稿件都存在需要修改和加工的各种问题，这就从客观上决定了必须对稿件进行修改和加工。

另外，对稿件进行修改和加工，不仅仅是稿件本身的需要，也是培养作者的需要。为社会培养能写作的人才，对期刊来说，也是一项重要的任务。一个期刊刊发一名新作者的稿件，本身就是对作者的培养，如果再对其稿件进行修改和加工，就更是对作者的培养和提携了。作为作者，对编辑修改过的稿件，要反复对照查看和学习，从中发现自己需要提高和改进的地方，以便在以后的写作中吸收和借鉴。长此以往，作者的写作水平一定会有大的提高。可以说，编辑对稿件进行修改和加工，不仅可提高稿件本身的质量，对作者的写作水平提高也大有裨益。

（三）作者修改与编辑修改

上边论及的均是为什么要对稿件进行修改和加工。在确定稿件需要加工和修改后，就要确定由谁来对稿件进行修改和加工。事实上，稿件的修改和加工工作，编辑可以做，作者也可以做。一般来说，编辑如果觉得稿件需要修改，就可以把修改意见给作者提出来，由作者根据编辑意见进行修改和加工，如果需要修改的地方比较少，且比较简单，那么，编辑进行修改就可以了。书稿一般会这样做。具体到期刊，由于期刊是定期出版的刊物，有时候定稿后，再通知作者修改可能时间会来不及，这时候，可能就需要编辑自己来修改和加工。当然，根据《中华人民共和国著作权法》的规定，编辑对稿件进行修改和加工，需要征得作者的同意和授权。

一般来说，期刊在稿约中都会声明对稿件有删改权，而且也会提醒作者如果不同意删改，要在投稿时声明。没有声明不能删改的稿件，就等于作者把删改权授权给了期刊。如果时间足够，编辑在审稿中发现稿件的问题后，可以给作者提出来，让作者进行修改和加工；如果时间紧张，修改和加工工作就需要编辑来完成，这也是期刊需要作者授权删改权的重要原因。笔者在长期的编辑实践中发现，一旦定稿进入出版周期，时间就会比较紧张，稿件完全交给作者修改和加工根本来不及，必须由编辑来完成大多数修改和加工工作，这也是编辑的重要工作之一。

对稿件的修改和加工，其实是审稿工作的延续。修改和加工一方面可以解决审稿过程中发现的问题，另一方面，又可进一步发现审稿过程中的疏漏和不足。因为审稿时往往会把精力放在一些重要的问题上，难免会顾此失彼，或因大失小，这样的问题都可以通过修改和加工工作来弥补。

二、修改和加工的内容

（一）修改和加工的原则

作者把删改权授权给期刊编辑，并不是说编辑就可以任意按照自己的意思对稿件进行修改和加工。期刊编辑对每一篇稿件的修改和加工都必须严肃认真，否则，就可能辜负了作者的信任和授权，而糟蹋了稿件。现实中，有些作者对期刊编辑的修改和加工很反感，很大程度上都是由这种不认真负责的修改和加工招致的。一个认真的作者，在写稿子的时候，一定会认真推敲，反复琢磨的，他所以这样写不那样写，肯定有他的道理和目的，期刊编辑在对稿件进行修改和加工的时候，一定要认真体会作者的想法和目的，尽可能根据作者的原意进行修改和加工，而不可自己认为怎样就怎样。修改和加工工作是一件需要细心和耐心的艰苦工作，不允许有任何粗心和大意。

期刊编辑对稿子进行修改和加工，需要坚持以下几个大的原则。

第一，必须改的一定要把它改好。有些问题必须进行修改，这样的问题不仅要改，而且必须改好，绝对不能不改或者改了但没有改好。修改了，但没有修改好，可能会造成原来的错误没有改过来，又出现新的错误。因此，必须修改的地方不仅要修改，并且必须改好。

有些编辑对必须修改的地方也不修改，这种现象一定要坚决杜绝。造成这种现象的原因可能有以下几个：编辑不负责任、偷懒，或者顾及作者的面子等。这样把有错误的稿件原封不动地刊发，就等于放弃了编辑的职责，不仅影响期刊的质量，对作者本身的成长也没有好处，而且也是对读者和社会的极端不负责任，是决不能容忍的。

第二，不是必须要修改的就一定不要修改。不是必须要修改的就不要修改，这看似是不言自明的事情。可是，有的编辑却偏偏要进行修改，其实，这种看起来"责任心强"的行为本身是错的。即使是出于所谓的"责任心"，也是一种不好的倾向。

第三，可改可不改的地方不改，这一点其实很重要。稿件是作者写的，保持作者所写稿件的本来面目，就是对作者劳动和作者本身的尊重。编辑要修改的只是稿件中有问题、有错误的地方，对于可以修改也可以不修改的地方，也就是说对于没有问题和错误的地方，就不应该去修改。这往往是编辑比较容易走入的误区，编辑经常会出于把稿件修改得更好的"好心"，把可改可不改的地方根据自己的喜好进行修改。可事实上，编辑以为改得更好了，而作者却并不一定也这样认为。因为每一个作者都有自己的语言习惯和行文方式，这种习惯可能和编辑不同，但并没有优劣之分，编辑修改的地方，作者看着也可能会觉得别扭。

仅有以上三个修改和加工原则还不够，还需要每一个编辑都拥有认真负责和谦虚谨慎的态度。

（二）修改的内容

一般来说，修改和加工是分不开的，修改中会有加工，加工中也会有修改，因此，我们常常会将二者合在一起说。为了方便论述，这里所说的修改，指的主要是稿件内容方面的问题；而加工指的主要是关于稿件形式方面的问题。

稿件的内容修改是非常重要的，它涉及的方面很多，由于稿件的不同而不同。主要涵盖的是思想性、科学性和学术性等方面的问题。

稿件的思想性尤其是政治性方面的错误，是必须要修改的。审稿后进入修改和加工程序的稿件，一般就是决定要刊用的稿件，所以从稿件的整体来说，其思想性和政治性一般是合格的。之所以还要对这方面的问题进行修改，一般来说应该只是局部方面存在问题，比方说，可能个别观点和论述有问题，或者个别的提法不妥当等。对思想性和政治性问题的修改，一定要字斟句酌，慎之又慎。政治就是高压线，不允许出现半点问题和错误。

　　科学性和学术性方面问题的修改，一般来说也是局部的。即使是学术价值很高的稿件，其局部也不一定不存在学术性或科学性问题。对稿件学术性问题的修改也应该慎之又慎，实在不能确定的学术性问题，要向专家请教，编辑本身不能想当然，不能拿自己的认识和观点去统一稿件的认识和观点。稿件中的认识和观点只要能言之成理，编辑就要尊重。也不能拿以往的学术观点为依据来随意删改稿件中言之成理的个人创见，因为期刊存在的价值之一就是要为科学的不断突破和创新来提供舞台和开辟道路的。

　　科学性方面的修改还包括对稿件中涉及的事实错误进行的修改，这个事实既包括历史事实，也包括科学事实，如果涉及这些事实方面的内容有不准确或不够准确的地方就要对之进行修改。例如，有的稿件中写牛顿在苹果树下躺着的时候看见苹果从树上落下来，就发现了万有引力定律。这件事显然是违背科学规律的。因为每一项科学发明都不是偶然的，都是对前人科学研究的继续，万有引力定律的发现，自然也不会是看到苹果落地而灵机一动的结果。对类似这样的问题和事实的判断，需要编辑开动脑筋，认真思考。

　　另外，还要对学术不端方面的问题进行修改。这是极易被忽视的问题。存在严重学术不端的稿件不能刊用，对个别地方存在学风不正和学术不端的稿件要进行修改。稿件中的学术不端有各种各样的表现。比方说，把别人的观点据为己有，又不在稿件中说明观点是引用的，让读者误以为就是其本人的观点，这就是严重的学术不端。这种情况在稿件中很常见。在稿件中贬低他人、贬损别人的观点，这也是必须进行删改的地方。学术不端和学风不正对学术的健康发展非常不利，期刊编辑在稿件中遇到这样的问题，一定要引起重视，能改则改，不能改的坚决不能刊用，这对于防止学术不端，倡导健康的学术风气，以及树立期刊的形象和格调，都是大有裨益的。

（三）加工的内容

和修改内容相比较，加工的对象主要指的是较小的和简单的问题。修改的目的在于改正错误，而加工的目的则是进一步提高稿件的水平。稿件需要加工的内容主要包括结构和文字等技术性的问题。

对稿件的结构进行加工，主要是指对稿件的结构进行调整和净化。

稿件结构混乱，逻辑性不强，是审稿过程中经常遇到的问题。对于已经进入修改和加工程序的稿件，结构方面的问题应该不会太严重，即使有，一般也只是局部的，不会整个稿件的结构都有问题。比如，对一个观点或问题的论述，分散在稿件的不同位置，或者前后有重复之处等，对这种情况，我们就应该调整文章的结构，使其更清楚和简洁。再比如，有的稿件的论述不条理，结构比较混乱，遇到这种情况，就要调整稿件各部分之间的次序，使稿件的层次更分明，条理更清楚。另外，还有的稿件在论述一个观点的时候，中间插入了很多无关的内容，显得结构很不紧凑，针对这种情况，需要做一些结构调整的加工工作——结构的净化。这是对稿件进行加工的过程中经常遇到的一个工作，这个净化工作需要把稿件中和稿件要论述的与主题无关的内容删减掉，从而突出主题。

对稿件的结构进行调整和净化，不仅可以使稿件结构更加紧凑有序，而且可以使其更加清晰和严谨。稿件结构的调整和净化对于稿件质量的提升有着非常重要的意义和价值。

对稿件进行文字性的加工，更是经常性的工作。文字加工主要包括修改错别字和标点符号，对语句不顺畅的也要加工修正。有的是生造词或成语错用，后者在现在的稿件中尤为多见。如"按装"应为"安装"，"布署"应为"部署"，"完壁归赵"应为"完璧归赵"，"淡薄名利"应为"淡泊名利"，

"兴高彩烈"应为"兴高采烈"等。词语搭配不当也是经常见到的现象，例如"减少了一倍"中，"减少"与"倍"搭配不当，应当改正为"减少了一半"。语句不通顺的如"荣获省优产品"，"获"的宾语不能是"产品"，应为"荣获省优产品称号"。错字、别字、缺漏字和标点符号等方面的错误，在对稿件加工的时候要一一进行改正。

对文字进行的加工还包括对不恰当的称谓和简称的修改。比如："满清"的说法就不恰当，应为"清"或"清朝"。"山东大学""山西大学"等都应该用全称，而不宜简称为"山大"。

技术性的加工，在自然科学期刊的稿件中，相对比较多，社会科学期刊的稿件中当然也有。比方说，人名、地名、译名等的统一，就是各种类型期刊的稿件中都存在的。技术性加工的主要内容包括：第一，注释和参考文献的校正。应该对稿件中注释和参考文献错误的地方进行校正，确保它们准确无误。第二，规范化的加工。目前，针对期刊国家出台了各种各样的标准和规范，对稿件中不符合规范和标准的地方，都应进行改正。比如：参考文献著录规范、计量单位的规范化、数字的规范化等，只要是有规范和标准的，就都应该按照规范和标准的要求进行加工和改正；即便是没有规范和标准的，也应该尽可能按照一个标准和模式在整个期刊中进行统一。第三，其他技术性的加工。主要有：稿件中的图表及其说明、稿件中前后不一致的地方等。

三、修改和加工的误区

（一）修改稿件的观点

编辑的工作是很繁重的，需要采取严肃认真和谨慎谦虚的态度，否则就很难做好修改和加工工作。

编辑要做的只能是编辑工作，他可以帮助作者完善稿件，提升稿件质量，但不能做本该由作者来完成的工作。期刊编辑对作者稿件的修改和加工，和老师对学生作文的修改是不同的，编辑应该清楚地知道这一点。

编辑修改和加工稿件时，最大的误区是对稿件中作者的观点进行修改。作为一个编辑，是绝对不能修改作者的观点的。观点代表了作者对问题的看法，是稿件的生命，编辑假如修改了作者的观点，也就谈不上是作者的稿件了。假如编辑认为稿件中的观点有问题，可以建议作者对此进行修改，如果作者不接纳编辑的意见，编辑也可以拒绝采用稿件，但却不能就观点自行进行修改。当然，如果和作者就观点修改问题达成了共识，在作者同意编辑修改的情况下，编辑也可以进行修改，但修改后，最好让作者过目并认可。一般来说，如果是政治性观点方面有问题，修改意见是比较易于与作者达成共识；但如果是学术性观点的问题，达成共识就比较困难。所以，对稿件中的学术观点，更不能随意修改。

总之，对稿件中的观点以及会影响到稿件观点的修改，都不宜由期刊编辑来进行。编辑对观点进行修改，就会进入误区。

（二）胡乱删改

胡乱删改，主要是指对不应该删改的地方，或者可改可不改的地方，随意进行删改。

比如，稿件的原文是："这哪能行呢！"编辑将其改为："这不行。"这两句话意思一样，根本没有必要去做修改。而且，原句是反问句，这是为了语气的需要，编辑修改后的句子成了陈述句，没有了加重语气的成分，不仅不如原来的句子有分量，而且还把作者的行文风格给破坏掉了。

还有的编辑把作者本来顺畅的句子修改得不通顺了，或者把作者的意思修改了，变得不再是作者要表达的意思。

事实上，不要说不该删改的地方不要删改，即使是对于必须修改的地方，修改的时候也要十分慎重。修改稿件一定要多动脑子，认真对待，绝不可大笔一挥，随意修改，把本来不应该删改的删改了，而应该删改的又删改得不得当。

对稿件进行删改的时候，一定要注意以下几点：

第一，要注意稿件的整体性。对稿件的某一句进行修改时，绝不可就这一句来修改，而应该顾及稿件的前后乃至整篇稿件，只有这样，删改的稿件才不至于突兀、不得当。

第二，一定要注意稿件的逻辑性。稿件中有的文字，乍一看似乎可有可无，但仔细看会发现，它们有承上启下的连接作用，对整个稿件的逻辑性有着非常重要的价值，因此，对这样的文字就应该保留，而不应该删掉。另外，有的连词、介词、助词等在稿件的句子中也是有其作用而不可或缺的，对它们随意进行删改，就可能导致稿件失去了文采。

第三，一定要注意稿件前后内容的相互照应。一般稿件或多或少都会有前后相互照应的地方，甚至有可能有因果关系，修改的时候，不能将一处修改了，而忽视了与其关联的另一处，从而导致连贯性变差，甚至自相矛盾。

（三）破坏稿件原有的风格

对稿件进行修改时，还要特别注意修改后的部分要与稿件本来的风格保持一致。对稿件进行修改和加工就好像对破了的羊绒衫进行织补，不仅要把破了的地方织补好，还要确保纹路和花色与原来的一致，否则，还不如不进行织补。修改后的行文风格如果和原来稿件的风格不同，就好比对黄色的羊绒衫用蓝色的线进行织补。像这样的补丁，其实织补就不如不织补，修改也不如不修改。总之，编辑不能按照自己的行文风格和表达习惯而对作者的稿件随意进行修改。

编辑在修改和加工稿件时，不但要确保修改后的语言特色和原稿件保持一致，还要确保稿件的整体风格与原来保持一致。假如原稿件是充满幽默感的，修改的文字也应该充满幽默感。如果修改后的文字干涩乏味、没有幽默感，就又如黄色的羊绒衫用蓝色的线进行织补了，就失去了稿件的协调和统一。如果进行这样的修改，反不如不改的好。

第四节　标题的审读与修改

一、标题的作用

（一）标题的意义

标题是用来概括和揭示整体内容的。对于一篇稿件来说，读者看到其标题，在读全文之前，就对它的主要内容有所了解了。一般来说，读者阅读一本期刊，会选择自己感兴趣的稿件来读。读者如何判断自己是不是感兴趣？就是通过看标题来确定。所以，标题对读者来讲，有导读的价值和作用。

事实上，稿件标题不仅可以提示读者要不要读该稿件，读者看完整个期刊稿件的标题，也会做出要不要读该期刊的结论，所以，稿件标题对读者选择期刊也有导读作用。可以说，读者要不要读某期刊，常常先看它的目录，从目录的栏目标题和稿件标题中做出大体判断。

好的标题，具有诱读的作用，可以吸引读者来阅读某文章或某刊，这是标题导读作用的延伸。拥有这种诱读作用的标题，一般来说都是生动和新颖的，是水平高、质量好的标题。

标题的作用不仅表现在导读和诱读方面，它其实还是期刊风格的重要组成部分。对一个期刊来说，标题大致相当于其橱窗。读者在看到内文之前，一般会在目录页中看到期刊的栏目标题和文章标题，并据此大致感受和判断出期刊的风格。假如标题没能体现出期刊的风格，就应该算作期刊的失败。一个成功的期刊，其标题的风格应该是很鲜明的。

由以上可知，标题对于稿件来说，就是其眼睛。一个好的标题，对一篇稿件来说，能够起到画龙点睛的作用，可以使稿件活起来。

（二）标题与编辑

一般来说，报纸新闻稿件的标题，都是由编辑来定的。这是报纸新闻编辑的重要任务。怎样定出好标题，也是报纸新闻编辑要研究的内容之一。

报纸新闻编辑如此，报纸普通文章的编辑也很重视标题。尽管作者发来文章的时候，都有标题，但报纸编辑往往会根据报纸需要而改拟标题。但是，一般来说，期刊编辑会按照作者的原标题刊发文章，很少会在标题上做文章，除非标题本身有问题。

这里就存在一个问题：稿件的标题是期刊编辑的工作内容吗？ 对一篇稿件来说，标题是其构成部分之一，因此应该说它是作者的工作。尽管《著作权法》对此没有做明确规定，但作者对稿件以及稿件的标题，似乎应该同样享有著作权。

从期刊的角度来讲，标题又是期刊的组成部分，在不妨碍作者著作权的情况下，它应该也是期刊的工作，从而也是期刊编辑工作的一部分。

由作者授权给期刊的对稿件的修改和加工权，也应该包括对稿件标题的修改和加工权。期刊编辑对稿件进行的修改和加工，自然也就应该包括对稿件标题的修改和加工。

从以上的分析可知，稿件的标题，本来是作者的工作，但编辑也要做包括稿件标题在内的编辑工作。由于每一个作者在为自己的稿件确定题目的时候，只能考虑到自己的稿件，而编辑加工稿件时，就要从整个期刊的角度来考虑，而不可能只是考虑某一篇稿件。也许，从一篇稿件的角度看其题目是合适的，但从整个期刊的角度来考虑就未必合适了。因此，期刊编辑重视标题工作，是期刊本身的需要。

（三）对标题的审读

对稿件标题的审读，是期刊编辑审读工作的重要内容，这是由标题的意义来决定的。前面的分析已经告诉我们：一个好的标题对稿件有画龙点睛的作用，所以，编辑审稿的时候如果不认真审读标题，就是重大的失误。

对标题的审读，与对稿件内容的审读是不一样的，有其自身的特殊性。标题相对于稿件内容来说，是独立的，但标题事实上又完全依附稿件内容而存在：它不仅要服从、反映、概括内容，而且还要附属于稿件内容。标题与稿件内容的这种相对独立性和绝对依附性，是审读标题具有特殊性的重要原因。同时，标题只是一句话，这也是审读标题具有特殊性的一个原因。

对标题的审读，要着眼于以下三个层次。

第一个层次，是从标题本身来审标题，即要看作为简单一句话的标题本身是否存在问题。这一层次主要审核以下几点。第一，要看标题是否通顺。这也是对标题的最基本的要求。第二，要看标题是否明确。标题要概括和揭示稿件的内容，所以必须让人一看就明白其讲的是什么，而不能模糊含混。第三，要看标题是否有导读和诱读力。标题除了要通顺和明确之外，还必须能吸引读者阅读，有诱读力。诱读力的大小，虽然与稿件的内容和读者的兴趣有关，但不可否认的是，同一篇稿件，由于有了不同的标题而可对读者产生不同的吸引力。稿件的标题如何才能更有诱读力，会因为稿件的性质不同而不同。有的因为义正词严吸引人，有的因为活泼生动吸引人等。可是认真总结就会发现，不管什么性质稿件的标题，如果具有了新颖性，对读者的吸引力就一定会大。因此，必须重视对标题新颖性的审读。

第二个层次，要从标题和稿件内容的关系方面对其进行审读。这个层次的审读中要注意以下几点问题：第一，要看标题和文章内容是否相符。标题是要服从、反映、概括和揭示稿件内容的，所以，标题一定要和稿件的内容相符。第二，要看标题对内容的概括是否准确，是否反映了稿件内容的观点和主旨。第三，要看标题的风格是否和稿件内容一致。标题虽然具有相对独立性，但它对稿件的内容又具有依附性，所以二者的风格必须协调一致。

第三个层次，是要审读标题是否和期刊的系统结构相适应。这个层次的审读要注意以下几个问题：第一，要看标题与期刊系统结构的中心是否适应。每期期刊都有其中心支点，不仅进入期刊的每一篇稿件要围绕这个中心支点，标题同样也必须是围绕这个中心支点的，否则就不是一个好的标题。第二，要看一个标题与期刊中其他的标题是否相呼应。从期刊的系统结构角度考虑，一方面每一篇稿件的标题要避免与其他标题重复，另一方面每一篇稿件的标题还要力求互补和呼应。第三，要看标题和期刊的风格是否协调一致。标题与稿件内容的风格协调一致，和它与期刊的风格协调一致并不是一回事，因为每一篇稿件的风格和期刊的风格并不相同。标题影响期刊的风格，也反映期刊的风格，所以，审读时要特别注意这一点。

二、标题的修改与改拟

（一）标题的修改

审读中，编辑如果觉得某一篇稿件的标题需要修改或重新制作，就应该和作者联系，征求作者的意见，并征得作者的同意，绝不可在作者不知情的情况下将标题修改。当然，如果仅仅是对标题中的个别字做增删，情况可以另当别论。但对标题的改拟总的原则是要尊重作者的意见。

在尊重作者权益这一大的原则的情况下，还要注意一点：能在原标题的基础上修改的就要尽可能在原标题上进行修改，而不要再另拟制标题，这其实也是对作者劳动的一种尊重。但这并不是说就只能凑合着在原标题上进行修改，如果确实需要另外拟制，还是应该另行拟制。

对标题进行修改比较多的还是不通顺的标题。这种修改一般来说将其修改顺畅就可以了，对编辑来说不是一件困难的事情。

修改标题常用的方法，有易字法、减字法和增字法。标题的文字一般要求要简明扼要，切忌冗长拉杂。

（二）改拟标题的基本要求

上面谈及的审读标题三个层次的问题，也是我们在改拟标题时应该注意的问题。一般来说，改拟标题时应该注意以下几点：

1. 准确。准确，一方面是指标题要准确地反映、概括、揭示出稿件的内容，另一方面也指标题的文字要顺畅，意思要正确、明确。准确是拟制标题最根本的要求。

为了达到诱读的目的，很多稿件的标题只追求新鲜刺激，吸引人的眼球，追求轰动效应，而将标题的准确性抛在了脑后，这是一种非常不健康的现象。

例如给通过男女纠葛事件来解剖社会问题的学术文章加上一个艳情的标题，这样就歪曲了稿件的主旨，非常不可取。

2.新颖。新颖的标题不仅自带美感，而且具有诱读力。新颖，一定要建立在准确的基础之上。

3.协调。这里的协调，不仅指标题要和稿件的内容、风格等协调一致，也包括和期刊的整体内容、风格，以及期刊其他文章的标题协调一致。作者拟定标题考虑不到后边的要求，但作为期刊编辑，在改拟标题时，就必须考虑到这一点。这就决定了编辑改拟标题要比作者拟定标题困难得多。

4.其他要求。在具体改拟标题的过程中，除了要注意以上三点以外，还要依具体情况，做不一样的改拟。（1）因期刊的性质不同而不同。不同性质的期刊，对标题的要求也是不一样的，这就决定了改拟标题的方法也不相同。比如：政治性和学术性期刊，其标题要严肃、严谨、讲求科学；文艺性期刊则要求标题生动、形象；娱乐性期刊的标题又往往会追求有趣等。（2）因风格而异。即使性质相同的期刊，由于各自的风格不同，对标题的要求也不一样，只有那些符合期刊自身风格的标题才是好的标题。（3）因读者而异。面对的读者群不同，期刊对标题的要求也不相同。

（三）改拟标题的方法

标题，一般可分为实题、虚题、虚实结合题三种。其中实题是最常用的，从实题当中我们很容易看出稿件要表达的内容。例如：

期刊编辑理论创新的心理障碍分析

和谐社会视野下的刑事诉讼审前程序改革

论中国共产党依法执政运行机制的构建

这三个就都是实题。

虚题一般用于文艺作品。一般来说，从虚题中我们不容易看出文章的内容。但是，虚题要么给人以内容的启示，要么传达文章的感情、情调等，也并非了无痕迹，和内容总还是有着或多或少的联系的。例如：

丰乳肥臀

绿化树

蛙

这三个就都是虚题。

虚实结合题指的是实题和虚题结合的一种标题形式，有虚有实。例如：

红高粱家族

浪漫的黑炮

我的菩提树

这三个标题即是虚实结合题。

另外，也可以换一种角度对标题进行分析，这样，就会有以下几种常见的形式。

第一，直接叙述式标题。也就是直接表述出要表达的意思。例如：

公共政策执行的要素分析

从另一个角度认识马克思主义的生命力

时间是检验真理的唯一标准

第二，呼吁式标题。也即在标题中提出某种吁求，这样的标题往往会有很强的感情色彩，比较有感染力。例如：

请节约用水

拯救地球

请爱护地球

第三，悬念式标题。悬念式标题是指给读者留下悬念的标题，对读者会有比较大的吸引力。例如：

这三种性格的人，最好命

爱不爱，拍张照就知道

娜拉出走之后

第四，评价式标题。即在标题中就表明作者的态度、观点。例如：

坚持马克思主义的理论创新

马克思主义的生命力

马克思主义的包容性

第五，比较式标题。这里的比较可以是明着比，也可是暗着比；可以两个相对比，也可以和其他众多的对象比。例如：

与范冰冰齐名的人

中国的白求恩

最热爱山东的河南人

这三个都是比较式标题。

三、副标题、小标题

（一）副标题

一般来说，一篇稿件只有一个标题。但也有稿件除了标题以外，还有一个副标题。副标题是标题的补充，也就是说，一般标题表达不具体、不明确的时候就会加一个副标题来补充说明，进而更加明确、具体、准确地概括和揭示出稿件的内容。

经常见到的副标题主要有以下三种。

第一，补足型副标题。在标题表述不够充分的时候，需要副标题来补足。举例如下：

追寻澄明之境

——读孔孚先生的山水诗

朝向开放的未知领域

——王小波论

第二，说明型副标题。说明型副标题是对标题的进一步说明。说明其实也是一种补充，但与补足型副标题不同，带有说明型副标题的标题并没有什么不足之处，而只是需要加以说明。说明之后，标题就更清楚明朗。例如：

社会转型期的社会失范行为
——基于社会共享价值观的分析
"阴阳互补"思维模式辨析
——和谐社会建设中传统文化资源的一个梳理

第三，虚实型副标题。当标题是虚题的时候，为了更清楚地概括稿件内容，有时会加上一个实题的副标题。例如：

朝向开放的未知领域
——王小波论

以上三种类型的副标题的共性是它们都是标题的补充说明，所以和标题之间有着内在的联系，但从语法方面看，副标题本身也是一个完整的短语。

一般来说，副标题是在标题需要补充的情况下才加的，可是，有些期刊编辑为了某种目的，在不必非得加副标题的标题后面也加上副标题，以达到吸引读者、引人注意的目的。

什么时候房价会降？

这是一个悬念式标题，它基本表述出了稿件的内容，对读者也具有吸引力。但是，编辑又给它加了个副题：

——几位经济学家的看法

事实上，这个副标题并不是画蛇添足。有了这个副标题，读者会更感兴趣，因为这是几位经济学家的看法。

（二）小标题

小标题指的是稿件中的二级标题。一般来说，一篇稿件，都要用几个小标题将其分为几个部分，每一个小标题都会概括和揭示其相对应部分的内容。对小标题的要求，和对稿件标题的要求是一样的。

小标题列于标题之下，受标题规约，其内涵必须小于稿件的标题。

一篇文章的几个小标题之间是有内在联系的，存在或并列、或递进、或起承转合的关系。小标题不仅必须能概括、揭示其下的内容，还必须能反映稿件的主要内容之间的逻辑关系。

例如，题为《试论中国特色社会主义制度下政党资源的整合》的稿件，其四个小标题分别为：

（1）中国特色社会主义制度下政党的资源价值
（2）中国特色社会主义制度下政党资源的特征
（3）中国特色社会主义制度下政党资源整合的现实意义
（4）中国特色社会主义制度下政党资源整合的实现途径

可以看出，四个二级小标题之间是层层递进的关系。

再如，题为《非公有制经济与中国特色社会主义》的稿件，有六个二级小标题：

（1）中国特色社会主义与毛泽东时代社会主义的区别

（2）非公有制经济和民营经济

（3）非公有制经济的破土而出

（4）对非公有制经济的看法

（5）对我国基本经济制度提法的建议

（6）非公有制经济的历史任务

六个小标题不仅分别揭示了其下的每部分的内容，而且还体现了整个文章的框架及其逻辑关系。

标题为《中国社会道德缺失之源透视》的稿件，其四个二级小标题分别为：

（1）唯经济主义的扫荡

（2）唯科学主义的僭越

（3）社会价值观的扭曲

（4）社会赏罚机制的缺失

很明显，这四个二级小标题之间的关系是并列的。四个小标题分别从不同方面揭示了中国社会道德缺失的原因。

第五节　校对和出版

一、校对

（一）校对的作用

所谓校对，指的是对排出的稿子和编辑稿进行核对。校对工作就是要消除排版的缺漏、错误以及其他不完善的地方，确保其不会在印刷出来的刊物上出现。这些缺漏和错误，一般来说指的是文字和标点符号等方面的缺漏和错误；不完善的地方主要是指排版方面的不完善。

在图书出版中，编辑和校对工作一般来说是分开的，会有专职的校对人员负责对书稿的校对。但期刊却不同，它们往往是由编辑同时兼做校对工作，采取编校合一模式。

由于编辑不仅有很高的业务水平，也有很扎实的文字功底，所以，由编辑兼做校对工作，对稿件的编辑出版是非常有好处的。再加上编辑通过对稿件的前期处理，已经熟悉了稿件，校对时更是可驾轻就熟。同时，编辑在校对过程中，还可以很方便和及时地处理排版过程中出现的问题。可是，编辑兼做校对，会分散编辑的精力，加重他们的工作负担。同时由于他们过于熟悉稿件，有时反而容易造成校对时的疏漏。这是编辑兼做校对的不利方面。

校对看似只是为了保证排出的校样符合编辑稿，不会给期刊增添什么新东西，价值似乎不大。然而事实上，如果没有校对，出来的刊物可能会错误百出，而一本错误百出的刊物，肯定不可能准确地将信息传递给读者。例如，把"不是"漏掉一个"不"字，就会产生完全相反的意思；而如果把"美国"

错写成"英国"，就把英国的事情变成美国的了。可谓差之一字，意义大变了。因此，校对有助于期刊准确地传递信息，对于期刊质量的提升和作用的发挥具有非常重要的作用。

我国自古以来对校对工作就非常重视。欧阳修就说过："学者多读韩文而患集本讹舛。惟余家本屡更校正，时人共传，号为善本。"所谓"善本"，欧阳修认为就是"屡更校正"的版本，也就是经过多次校对没有错误或错误极少的版本。

（二）校对的任务

校对的作用决定了校对的任务：校对就是要消除校样上缺漏、错误及不完善的地方。

尽管根据编辑稿排出的校样不一定就会有错误和疏漏以及不完善的地方，但实际的工作中会发现，排版过程中不出现错误的情况几乎不存在。因为，不仅排版会有问题，即使编辑稿也会有问题。这就决定了校对工作的必不可少。

一般来说，现在作者投稿都是通过网络投电子版的稿件，很少有人投纸质版的稿件了，编辑修改稿件一般也是在电脑上，所以，校对工作主要是针对排版错误来进行，也就是要消除排版错误。排版正确与否，判断的依据是编辑的编辑稿。常见的排版问题包括：标题排法、字体、图片及其说明、页眉、页脚、字行间距等。

原则上，校对对编辑的编辑稿负责，如果在校对过程中，发现编辑稿本身有问题该怎么办？这就分两种情况，编校合一的情况比较好处理；如果是专职校对，校对也不能置之不理，而应该提交给编辑来处理。

（三）对校对的要求

校对是一项任务很繁重的工作。即使严格按照三校制进行校对工作，要想做到零差错，也是非常困难的事情。所以，做好校对工作，不是一件容易的事情。做编辑的，即使能胜任编辑工作，也未必能做好校对工作。对校对工作，有一些具体的要求。

第一，校对人员必须和编辑一样，不仅要拥有较好的文字功底，还要拥有较高的政治思想觉悟和学术水平。编校合一的编辑做校对工作，在这方面可能有一定的优势，但也不是就可以做到万无一失。知识无涯，编辑和校对如果没有很好的文字功底和学术素养，很多问题都不一定能够发现，更谈不上修改了。如：将"蔡廷锴"误认为"蔡廷楷"、"按捺"误认为"按纳"、"把式"误认为"把势"、"孢子"误认为"胞子"、"笔画"误认为"笔划"、"孤苦伶仃"误认为"孤苦零丁"、"浑水摸鱼"误认为"混水摸鱼"、"小题大做"误认为"小题大作"、"漂泊"误认为"飘泊"等。不管是编校合一人员还是专职的校对人员，都需要不断提升自己的文字水平和学术水平，以应对工作中面对的各种问题和知识挑战。

第二，校对人员不仅要拥有专业素养，还要有一丝不苟、认认真真的工作作风。这是做好校对工作必不可少的素质要求。校对工作是一项容不得半点马虎的工作，稍不注意，就可能酿成大错。例如："王"和"玉"、"大"和"太"等，只有一点的差异；"板"和"饭"、"院"和"浣"、"济"和"挤"等，只有一个偏旁的差别；而"己""已""巳"字，更是不到半笔的差异。如果校对过程中，做不到一丝不苟，上述错误是很容易漏校的。应该说，做任何工作，都需要严肃认真，对校对来说，尤其需要。

第三，做好校对工作，还需要熟悉并热爱它。要想做好校对工作，就必须熟悉它，要了解编辑意图，做到心中有数，从而可以提升校对效率和质量；要懂得一些排版工作，从而清楚哪些地方容易出现排版错误，这样在校对过程中就能够给予特别的注意。俗语说，热爱是最好的老师。要做好校对工作，还需要热爱它。只有热爱，才能全身心地投入，才能有无限的学习动力，才能真正体会到校对工作的意义，并发现自身工作的价值，也才能真正做好校对工作。

三、校对方法和校对符号

（一）校对方法

校对有独校法和双校法两种方法。独校法指的是由一个人单独进行校对，双校法则是指由两个人共同完成校对工作。

独校法，一般又可以分为两种：一种是对校法，一种是折校法。

对校法是将校样对照原稿（或者上一校的校样）进行校对。对校法两两对照，逐字相比较，所以，一般会比较稳妥，不容易出现漏校、错校的情况。但是用对校法校对时，等于看一遍原稿，看一遍校样，所以速度会比较慢。

折校法指的是将校样压在原稿的同行之上进行校对。折校法相较于对校法的优点是速度快。

双校法，通常采取读校的方法，即一个人读原稿，另一个人核对和改正校样，或者反过来进行：一个人读校样，另一个人一边听读校样，一边对照原稿提出错误的地方，并由读校样的人对校样进行修改。

读校时，必须将标点符号、另起行、另起一页、空字、空行等也都读出来，以方便对版式进行校对。而听的那个人也要认真听、认真核对。读校的好处是速度比较快、效率相对也比较高，缺点是要多占一个人。另外，因为同音字很多，听的人不容易辨识，比较容易听错，而且难认的字也很容易读错。读校法相对不如对校法和折校法更可靠。如果稿件中的图表和公式比较多的话，也不适合用读校法。

可以说，上边的三种校对法，都各有优势，也都各有劣势。校对人员可以根据自身的情况，选择使用。

除了以上介绍的三种校对法，还有通读和对红等校对方法。通读法就是只读校样不看原稿的校对方法；对红法则是将红样和校样相比较，查看是否已经将红样都做了修改的校对方法。这些方法都只能作为辅助性的校对方法：通读法可以在三校以后编辑读清样用，对红法则用于签印前检查用。

现在虽然已经有了校对软件，但其效果尚不理想，还不能替代人工校对。

（二）校对符号

1. 校对符号分类及图示

根据《校对符号及其用法》（GB/T14706-93），校对符号共有 21 个，分4 大类。

第一类：字符的改动。共有 4 个符号，分别是改正符、删除符、增补符、改正上下角符。

改正符形态为一线连两圈。将拟改正的内容和改正的内容分别圈起，用一根线连起来。当改正的字符较多，圈起有困难时，可用线在页边画清改正的范围。一般情况下，改正符的位置位于行间，不到页边。在校对中，遇到必须更换的损、坏、污字，也要用改正符号画出。

删除符形态为一个圈连一根旋转着的线，表示被圈中的内容被删除。

增补符的形态类似顺时针旋转 90° 的单书名号，用时插入到要增补内容的位置，然后将增补内容圈起，两者用线相连。只有当增补内容较多，无法圈住时，增补内容才可出现在页边。

改正上下角符的形态与改正符相似，只是改正的圈变成了方形。修改后的内容在方形中的位置有上中下三种，分别表示上角、居中、下角。比如 m^2 是表示平方米，如果"2"字没有上标，成了 m_2，就运用这个符号进行修改。

第二类为字符方向位置的移动。共有十个：转正符、对调符、接连符、另起段符、转移符、上下移动符、左右移动符、排齐符、排阶梯形符、正图符。

一是转正符。用于将横卧的字符扶正，形态为一根直线，尾端呈螺旋状。

二是对调符。将内容在行间对调，形态为一个横卧的"S"状，如果对调内容相隔较远，则将横卧的"S"的中间段对应延长。

三是接连符。一根线连接相邻两行内容的首末，线末端的箭头表示连接的方向和位置，表示两行接连成一行，不需要另起行。

四是另起段符。形态和用法是：一个左括号位于被起段内容的前端，一根短竖线位于将起段位置，中间用线相连，线末端的箭头表示转移方向。

五是转移符。根据不同情况，又细分为三种。一种在行间附近转移，形态类似于增补符，差别在于圈圈中的内容不是自己增添的，而是已有的；一种用于相邻行首末衔接字符的转移；一种是用于相邻页首末衔接字符的转移。

六是上下移动符。主要用于文字上靠或下靠的情况，保持一行字符的水平齐整。有两种形态，一种类似于城墙剁口，开口向下或向上，缺口左右有一条水平线，表示将剁口罩住的字符上或下移至水平线位置；另一种是先划一条短水平线，再画一个向上或向下的箭头，箭头紧抵短线，表示字符将上或下移动到短线处。

七是左右移动符。作用与上下移动符相同，用于字符纵向齐整。形态为上下移动符逆时针调整 90°，使用方法相似。如果符号划得太细，校对者无法看清，应在页边放大重标。

八是排齐符。用于改正字符参差不齐、或高或低、或左或右（竖版时）的现象。形态为横或竖的两根平行线，表示将平行线内的字符上下、左右对齐。这个符号与上下、左右对齐符一样，都有将字符对齐的功能。它们的区别是：极个别字符需要对齐时，用上下、左右对齐符；在同一行有较多字符需要对齐时，用排齐符。

九是排阶梯形符。形态为三级阶梯的横切面图。

十是正图符。形态为倒"T"字型，竖线上端有个箭头。横线表示水平位置，竖线表示垂直位置，箭头表示方向。这两种符号，在我们工作实践中，使用频率不高。

第三类是字符间空距的改动。共有 4 个符号，分别起加大空距、减小空距、空字符和分开字符等作用。

一是加大空距符。形态为右书名号或顺时针旋转 90°的右书名号，分别用于纵向或横向加大空距。横向时，符号尖角插入要加大空距的两个字符中间；纵向时，符号尖角横向插入字头和行头之间，表示在一定程度上加大这两行字符的行间距。

二是减小空距符。形态与加大空距符号呈水平或垂直对称状。使用时，尖角向外，表示字符和行间在一定范围内减少空距。

三是空字符。在要空字符的空间上方先标一横向加大空距符，再在加大空距符上划一"井"字形符，表示空一个字符距离；若空 1/2、1/3、1/4 字符距离，则将"井"字形符号分别替换为"两横一竖""三横一竖""四横一竖"形符号。如果几个空距完全一样而且又连在一起的话，那么，我们就可以使用引线将其连出来，只标一个符号即可。

四是分开符号。在外文或拼音中，用"Y"符号插入，表示从此处分开，变成两个单词。

第四类是其他功能。共有 3 个符号，分别是保留符、代替符和说明符。

一是保留符。在原删除的字符下画正三角形，并在原删除符号上画两竖线，表示保留已删除内容。

二是代替符。形态为一个圈圈，右边加"="号。当一页面有两个或多个相同的字符需要改正时，在要改正的字符上画一个圈圈。同时，在页边标代替符，将改正后字符写到符号右边。

三是说明符。形态为小圆圈。当校对中要对部分内容进行说明或指令时，将要说明或指令的内容圈住，旁边注明说明或指令，用线连起来。说明或指令性文字不圈，在文字下画圈，表示不作为改正的文字。比如拟将标题改为2 号小标宋体时，就可以圈住标题，旁边注明"改 2 号小标宋体"，并在注明字符下画圈。如果说明文字较多时，可在首末各三个字下画圈。

具体的校对符号和它们各自的使用方法可参照下图。

校对符号及其使用方法

编号	符号形态	符号作用	符号在文中和页边用法示例	说明
一、定符的改动				
1		改　正	增高出版物质量。提 改革开放	改正的字符较多，圈起来有困难时，可用线在页边画清改正的范围 必须更换的拟、坏、污字也用改正符号画出
2		删　除	提出出版物物质量。	
3		增　补	要搞好校工作。对	增补的字符较多，圈起来有困难时，可用线在页边画清增补的范围
4		改正上下角	16 = 4 H_2SO_4 尼古拉·费欣 $0.25 + 0.25 = 0.5$ 举例②$2 \times 3 = 6$ X∶Y = 1∶2	

编号	符号形态	符号作用	符号在文中和页边用法示例	说明
二、字符方向位置的移动				
5		转 正	字符颠倒要转正。	
6		对 调	认真经验总结。 认真检查经验。	用于相邻的字词 用于隔开的字词
7		接 排	要重视校对工作, 提高出版物质量。	
8		另起段	完成了任务。明年……	
9		转 移	样对工作,提高出 版物质量要重视。 "以上引文均见中文新版 列宁全集》。 编者 年 月 …… 各位编委	用于行间附近的转移 用于相邻行首末衔接字符的推移 用于相邻页首末衔接行段的推移
10	⊔ ⊓ 或 ⊤ ⊥	上 下 移	序号 名 称 数量 01 显微镜 2	字符上移到缺口左右水平线处 字符下移到箭头所指的短线处
11	⊢ ⊣ 或	左 右 移	——要重视校对工 作,提高出版物质量。 3 4 56 5 欢呼 羽 珊	字符左移到箭头所指的短线处 字符左移到缺口上下垂直线处 符号翻得太小时,要在页边重标
12		排 齐	校对工作 重要 必须提高印刷 质量,缩短印制周 期。 国 家 邮 政	

编号	符号形态	符号作用	符号在文中和页边用法示例	说明
13		排阶梯形	RH↓	
14		正图		符号横线表示水平位置，竖线表示垂直位置，箭头表示上方

三、字符间空距的改动

编号	符号形态	符号作用	符号在文中和页边用法示例	说明
15	∨ ＞	加大空距	一、校对程序 校对胶印读物、影印书刊的注意事项：	表示在一定范围内适当加大空距 横式文字画在字头和行头之间
16	∧ ＜	减小空距	二、校对程序 校对胶印读物、影印书刊的注意事项：	表示不空或在一定范围内适当减小空距 横式文字画在字头和行头之间
17	井 丰 丰 丰	空1字距 空1/2字距 空1/3字距 空1/4空距	第一章校对职责和方法 1.责任校对	多个空距相同的，可用引线连出，只标示一个符号。
18	Y	分　开	Goodmorning!	用于外文

四、其　他

编号	符号形态	符号作用	符号在文中和页边用法示例	说明
19	△	保留	认真搞好校对工作。	除在原删除的字符下画△外，并在原删除符号上画两整线
20	○＝	代替	○色的程度不同，从浅○色到深○色具有多种层次，如天○色、藏○色、海○色、宝○色…… ○＝蓝	同页内有两个或多个相同的字符需要改正的，可用符号代替，并在页边注明
21	○○○	说明	第一章 校对的职责	说明或指令性文字不要圈起来，在其字下画圈，表示不作为改正的文字。如说明文字较多时，可在首末各三字下画圈

2. 使用校对符号的要求

第一，校对时，用来书写的笔绝对不能是铅笔，只能用色笔，并把校对符号标写正确和清晰。

第二，校改时应当根据校对次数的不同，分别使用不同颜色的笔进行修改。

第三，对标出来的错误，要用引线引到版心外空白的地方进行修改，一般不宜在文内进行修改；校样上的错字和改正的字，都应该加圈圈注，以免多改或者少改；改动错字的引线不应当互相交叉，以免出现错误；一页上同一个或同一相连的几个错字多次出现的时候，可以在上左、上右、下左、下右四个区域空白处各写一次改正的字，将区域内同一错字或同一相连的几个错字的引线都引向本区域外的同一改正的字；校对时，如果校出的错误的文字字数不多，可用引线引出，将正确的写在版心外空白处，如果字数很多甚至是漏排一整段的话，则可以附上应该补上的内容；一般校对尽可能用校对符号，如果确实必须使用文字说明时，则应该尽量简练。

（三）校对工作中应该注意的事项

校对的目的就是防止出现差错。防止出现差错，不仅需要严谨认真的工作态度，还需要特别注意以下一些容易出现差错的地方。

1.形似、音似的字，或者既形似又音似的字。

例如，形似的字：

形——刑 彻——砌 歼——奸 兔——免

玉——王 田——甲 籍——藉 壁——璧

魂——魄 魁——魅 遗——匮 诞——涎

音似的字：

流——溜 代——待 波——泊

莲——涟 识——适 神——审

既形似又音似的字：

模——摹 磬——馨 擅——膻 撕——嘶

摊——滩 祥——详 像——象 阴——荫

这样的字可谓不胜枚举，校对的时候稍一疏忽，可能就会漏校，所以应该特别注意。

2. 词素相同但结构不同的词，很容易漏校，而且一旦漏校，意思即完全不同，必须十分注意。如：

三十——十三　山西——西山　海南——南海

美国——国美　房产——产房　理论——论理

3. 栏目名称、稿件题目、作者姓名等虽然字数不多，且字号比较大，但是却是容易被遗忘的部分，常常会因漏校而出现差错。发生在笔者身上的两次漏校，虽然已经过去十几年，但却印象深刻。一次是漏校了姓名"刑培顺"（应为"邢培顺"），一次是漏校了"中国分类号"（应为"中图分类号"）。这两处漏校的内容都在非常显眼的位置，却因为笔者大意而疏忽了。

4. 对一些比较敏感的政治观点、涉及宗教和少数民族的一些说法等，一定认真核对，发现可疑的地方，一定反复查对。

5. 人名、地名、书名以及数字、时间等，很难一下子就发现错误，有疑问的时候，一定认真查阅资料，或者向作者核实、确认。

6. 一定要特别注意稿件中的表格、数字、公式等。

7. 对于稿件中的英文单词，要逐个字母确认，并注意字母的大小写等。

第四章　社会科学期刊编辑规范

第一节　编辑规范概述

一、编辑规范的基本含义和特点

研究编辑规范，首先就需要搞清楚编辑规范的含义是什么。《现代汉语词典》对规范的解释是标准、法式。因此，我们可以在综合标准和法式的含义后对规范进行解释：所谓规范，指的即是在某个实践活动中形成的、被事实验证了的合理的标准。

规范和规律，虽然都含有一个共同的"规"字，但二者是不一样的。规律指的是自然界和社会现象间的本质联系，是内隐的，而规范完全相反，它是显性的，外在的，可以用文字、图表等说明它的某一规定的适用范围，对相关人的相关行为有指导和约束作用。

规范与标准，二者也不完全相同。二者作为一种统一规定，是相同的，但标准一般具有强制性和法律效力，它往往由专门的标准化组织或机构制定和颁布，而规范则是一种约定俗成的具有指导意义的规则，不具有强制性和法律效力，它往往由一些组织或企事业单位制定与颁布。

我们所说的编辑规范，指的就是编辑群体在自身的实践活动中总结发现的一些对编辑行为具有指导和规定意义的原则。编辑规范通过编辑活动表现出来，也对编辑的编辑活动产生约束力。

编辑规范具有如下几个比较明显的特点。

第一，科学性。所有的编辑规范都是编辑群体对自身实践经验的总结，对编辑行为都具有规范和指导作用；另外，编辑规范的每一条具体规定都是以体现最新理论研究成果和国家的相关法律法规为依据的。所以，它不仅可确保编辑行为更加科学、规范，还可使编辑劳动成果的信息传递功能最优化。

第二，先进性。所有的编辑规范都是长期实践经验的总结，都代表着某一时代先进的科技文化发展的水平，具有那个时代的先进性。

第三，实用性和可操作性。之所以制定编辑规范，就是为了指导和规范编辑群体的编辑活动，每一个具体规范都非常清楚地告诉人们应该如何做，具有很强的目的性和可操作性。

二、编辑规范分类

对于编辑规范如何分类，可谓仁者见仁，智者见智。笔者以为，对编辑规范从道德、法律和业务三方面进行划分是相对比较科学、合理的分类办法。

（一）编辑道德规范

道德指的是人们需要遵守的行为准则和规范，编辑职业道德，指的就是从事编辑工作的人需要遵守的行为规范和准则。

编辑的道德规范主要包括以下几个方面：

第一，敬业精神。任何一个合格的从业者，都要热爱自己所从事的工作，编辑群体也不例外。从事编辑工作的人，一定要热爱编辑工作，能够将其作为自己的事业进行打拼，愿意且努力为我国先进文化的传播和发展繁荣做贡献。编辑职业道德的核心内容是能甘愿为他人作嫁裳。编辑要把自身的心血融到作者的稿件当中，把自己的知识和经验充实到别人的作品中，这就要求编辑必须具有高度的奉献和牺牲精神，否则，很难做一个合格的编辑，更不用说优秀的编辑了。

第二，坚持原则，稿件取舍不徇私情，只看稿件质量，以质量定取舍。编辑工作非常重要的一个职责就是通过审阅稿件决定取舍。用什么样的标准选择稿件，是判断一个编辑是否能坚持原则的最重要的考量因素。在学术不端现象频发、编辑出版行业腐败行为多见的状况下，编辑人员一定要抵制这种不良风气的影响，对剽窃等学术不端行为坚决说"不"，坚守学术良心，对作者公正公平，杜绝关系稿、人情稿。

第三，坚持社会效益第一，反对唯利是图。在工作中出现经济效益和社会效益的矛盾冲突时，要自觉摒弃唯利是图的思想，坚守为社会主义精神文明建设服务的宗旨，经济利益服从社会效益。

第四，遵守编辑出版法规和相关从业纪律。所有工作都必须框定在法律法规允许的框架内，编辑工作也不例外。编辑工作一定要坚持正确的政治方向，传播社会主义先进文化，这是对编辑出版工作的最根本要求。所有的编辑从业人员都要坚持马列主义、毛泽东思想、邓小平理论、"三个代表"重要思想、科学发展观、习近平新时代中国特色社会主义思想的指导，认真学习和贯彻中国共产党的各项理论、路线、方针和政策，绝不能出现背离我们党和国家的方针政策及法律法规的行为。

第五，真诚地对待作者。编辑在和作者的互动中，一定要尊重作者及其劳动，客观准确地评价作者的作品，给作者提出中肯合理的意见和建议，绝对不能武断地将自己的观点强加给作者。

第六，要有大局观念和团结协作意识。编辑工作不是一个人的事情，需要多人甚至多部门、多机构协同工作。工作中，要讲团结，善协调，共同努力把工作做好。

（二）编辑法律规范

编辑活动要控制在法律法规允许的范围之内。一般来说，编辑需要遵守的法律规范主要包括以下几个。

1.《中华人民共和国宪法》和其他有关的法律法规

第一，要严格遵守《宪法》。编辑人员必须不断提高自身的政治素质、思想素质和业务素质等，只有这样，才能确保出版工作"为人民服务、为社会主义服务"的方向。总之，政治正确对我国的出版事业来说永远是第一位的，任何有违《宪法》和法律法规的作品，都要拒之门外。

第二，要严格遵守保密规定。编辑出版机构要认真学习《中华人民共和国保守国家秘密法》《新闻出版保密规定》，以及国家有关保密的法律法规和政策文件。《新闻出版保密规定》于 1992 年 10 月 1 日开始实施，其具体包括四章、二十二条，四章内容分别为总则、保密制度、泄密的查处和附则。内容比较细致，对编辑出版工作具有重要的规范和指导价值。

第三，在编辑实践活动中，不仅要自觉遵守《宪法》和保密规定，还要严格遵守其他相关法律法规。主要包括：《中华人民共和国刑法》《最高人民法院关于审理非法出版物刑事案件具体应用法律若干问题的解释》《关于办理侵犯知识产权刑事案件具体应用法律若干问题的解释》《最高人民法院、最高人民检察院关于办理侵犯知识产权刑事案件具体应用法律若干问题的解释（二）》《中华人民共和国民法通则》《中华人民共和国著作权法》《最高人民法院关于审理著作权民事纠纷案件适用法律若干问题的解释》《语言文字法》《广告法》《出版管理条例》《音像制品管理条例》《印刷业管理条例》《著作权法实施条例》《计算机软件保护条例》《著作权集体管理条例》《信息网络传播权保护条例》《互联网信息服务管理办法》《宗教事务条例》《编辑出版管理规定》《关于对编辑出版集中介绍党政领导干部情况出版物加强管理的通知》《中共中央办公厅关于严格执行编辑出版党和国家主要领导同志讲话选编和研究著作有关规定的通知》《国务院办公厅关于坚决取缔非法出版活动的通知》《新闻出版保密规定》《科学技术保密规定》《关于在出版行业开展岗位培训实施持证上岗制度的规定》《新闻出版行业领导岗位持证上岗实施办法》《出版专业技术人员职业资格管理规定》《出版专业技术人员继续教育暂行规定》《互联网出版管理暂行规定》《互联网著作权行政保护办法》《出版文字作品报酬规定》《图书出版管理规定》《书号实名申领管理办法（试行）》《图书质量保障体系》《图书质量管理规定》《关于规范图书出版单位辞书出版业务范围的若干规定》《图书、期刊、音像制品、电子出版物重大选题备案办法》《关于重申对出版反映党和国家主要领导人工作和生活情况图书加强管理的紧急通知》《期刊出版管理规定》《音像制品出版管理规定》等。

除上述相关的法律法规外，各种相关的标准和规范也是编辑实践活动中一定要严格遵守的。比如：《出版物上数字用法》（GB/T 15835—2011）、《中文书刊名称汉语拼音拼写法》（GB/T 3259—1992）、《汉语拼音正词法基本规则》（GB/T 16159—2012）、《标点符号用法》（GB/T 15834—2011）、《信息与文献 参考文献著录规则》（GB/T 7714—2015）、《中国标准书号》（GB/T 5795—2006）、《图书和杂志开本及其幅面尺寸》（GB/T 788—1999）、《图书书名页》（GB/T 12450—2001）、《图书在版编目数据》（GB/T 12451—2001）、《国际单位制及应用》（GB 3100—1993）、《有关量、单位和符号的一般原则》（GB 3101—1993）、《公开版地图质量评定标准》（GB/T 19996—2005）、《学术出版规范一般要求》（CY/T 118—2015）、《中文出版物夹用英文的编辑规范》（CY/T 154—2017）等。

2. 尊重和保护作者的著作权

第一，要尊重和保护作者的署名权。有关作者的署名权，《著作权法》有明确规定，编辑一定要严格遵守。作为编辑，在审稿过程中，一是要认真审核合作作者的署名，避免非作者署名情况的发生；除非原作者同意，否则不能增加署名者；同样，不是第一作者同意，也不能变动作者的署名顺序。二是要避免编辑在他人的稿件上署名的情况发生。编辑对别人的稿件进行修改和加工，是其工作职责，不是创作行为，没有署名权，如果署名，也不是作者的位置，而是责任编辑的位置，这和作为作者的署名完全不同。有关署名的规范问题，在本章第三节中还会有专门论述。

第二，要尊重作者的修改权和作品的完整权。是否愿意让编辑对作品进行修改和加工，是作者的权利，只有作者授权，编辑才可以对作者的文章进行修改和加工，对此，《著作权法》中有明确规定。同时，作者还拥有保护自己作品完整的权利，任何对其作品的歪曲等都是不符合《著作权法》的。为了做到尊重作者的修改权和作品的完整权，编辑在审稿过程中如果发现稿件确需修改和加工，就要将自己的修改意见反馈给作者，由作者对稿件进行修改和加工；只有在作者把修改权授权给了编辑的情况下，编辑才可以对稿件进行修改和加工；稿件在付印前，需要经过作者认可并确定。也就是说，编辑对作品的修改和加工一定要建立在编辑法律规范允许的范围内来进行。

第三，要尊重作者的使用权。作者投稿后在《著作权法》规定的日期或者和出版单位约定的日期内没有收到用稿通知的，有权决定将同一篇稿子投给其他出版单位。除非作者和出版单位有其他的约定。因此，编辑人员在收到稿件后，要及时审读稿件，并按照时限，将稿件的处理结果通知给作者，以方便作者做下一步的打算。

同时，期刊编辑部确定录用作者的稿件后，要与作者签订合同。

3. 适度掌握对他人作品的参考

任何一项研究，都有以往研究的基础，都离不开对以往研究成果的借鉴和参考。对于作者对其他研究成果的借鉴，《著作权法》也明确规定"可以适当引用"。但引用的度如何把握，需要作者和编辑共同注意。现在学术期刊都引入了学术不端查询软件，可以在审稿前就对稿件的引用情况进行查询。作为期刊编辑，在审稿过程中，一定要正确把握每一篇稿件引用和借鉴的"度"，严格区分借鉴与侵权之间的界限。总的来说，要注意以下几个方面。

第一，引用他人作品，必须按照引文和参考文献规范在文末对引文的作者、名称、出版社、出版年（引用文献为图书）、期刊名称、刊期（引用文献为期刊文章）、页码等相关要素进行标注，一方面是对作者的尊重，同时也便于读者查找和阅读。

第二，正确把握引用和借鉴的"度"，引用比例尽管每个期刊有不同的要求，但原则上不能超过总字数的百分之十五为宜。引用内容不可以是引用作品的实质部分。国家出台的版权保护方面的规定也明确指出引用的只能是别人作品的片段。

第三，引用和借鉴他人作品，必须忠实原作品的观点和主张，不能为了自己的需要而断章取义，侵犯他人作品的完整权。

（三）编辑业务技术规范

编辑业务技术规范是编辑规范非常重要的组成部分，是编辑群体在编辑活动中总结形成的一些规律性的认识，这些认识涉及编辑成果和编辑过程两个方面。编辑业务技术规范由编辑过程规范和编辑成果规范两部分组成。

1.编辑过程规范

编辑过程指的是整个编辑工作的程序。这个编辑程序一般被总结为"编辑六艺"。笔者结合长期的编辑实践，并结合国内外其他研究成果，将编辑过程概括为信息收集、选题计划确定、稿件组织、稿件审读、稿件修改和加工、装帧设计、印刷前校对等几个环节。前面对相关环节已经有过论述，在此再稍加讨论。

信息收集。信息收集是编辑工作的出发点，是整个编辑过程开始的前提。对学术性期刊来说，需要收集的信息主要包括国内外和自身期刊有关的研究动态和国家相关政策与需求，当然，也要了解和收集读者的阅读取向和相关作者的研究动态等。信息收集要做到视野开阔，收集全面，分析细致、科学，只有这样才能确定出成功的选题计划。

选题计划确定。计划是方向，是指南。有了选题计划，就有了一个阶段编辑工作的方向，而方向是否对头，就取决于选题计划制定得是否科学。所以说，选题计划影响期刊办刊质量。

稿件组织。稿件组织是执行选题计划的第一步。稿件组织工作能否做好，关键是有没有合适的作者来写稿，所以，稿件组织最重要的工作就是寻找合适的作者。期刊编辑部在长期的办刊过程中，应该注重发现和形成自己稳定的高水平的作者队伍，并长期保持联系。同时，还要注意发现和培养年轻作者，努力建立一支综合素质较高，学科结构、职称结构、年龄结构相对合理的编辑队伍。有了这样一支队伍，组稿工作就比较好完成了。

稿件审读。稿件审读是执行选题计划的关键一步，是确保稿件和期刊质量的根本。对稿件的审读工作，要严格执行三审制，以确保质量好的稿件不会流失。

稿件修改和加工。稿件修改和加工是保证和提高稿件质量的重要措施。对稿件的修改和加工，要严格按照《著作权法》的要求，充分尊重作者的权力，将有关意见和建议提供给作者，由作者进行修改和加工，或者在作者授权编辑修改权后，由编辑对稿件进行修改和加工，并经过作者同意后定稿。

装帧设计。装帧设计的内容主要包括封面、目录、内文等。装帧设计一定要体现期刊本身的性质、风格和特点，体现出自身的特性。

印刷前校对。印刷前校对是确保稿件质量的非常重要的一环。校对应该严格坚持"三校""一读"制度，尽力做到稿件编校质量无差错。

以上 7 个环节是相互衔接、环环相扣的，它们构成了整个编辑过程，每一个环节都不可或缺，对编辑过程来说也都意义非凡。

2. 编辑成果规范

不同的出版物，有不同的内容和形式要求，编辑成果规范就是各类出版物在长期的编辑活动过程中形成的有利于各类型出版物发展的内容和形式方面的一些规范。例如，学术性期刊要求的主要是其内容方面的科学性和形式方面的严肃性，而科学普及性期刊对内容的要求则主要是可读性，形式方面则会要求独特性等。

第一，期刊内容方面的规范。（1）目录页的规范要求。根据国家的相关规范要求，期刊的页眉位置要涵盖的主要内容包括：期刊的中文名称、出版周期、创刊日期、出版年、期数、总期数、出版日期等，页脚则要注明期刊的基本参数。按照规范编排，能够确保期刊信息的传递效率和精准性，并进而实现文献的共享。目录页既可以通栏排，也可以分两栏排，各期刊可据自己的情况决定排版方式。（2）正文的规范要求。正文中最重要的就是一篇篇的稿件，这就涉及一篇篇稿件题目的编排规范。稿件标题通常要求要少于二十字，如果比较长，就需要排两行，这时就不仅要注意两行之间形式的协调和美观，还要注意每一行内容的协调性。通常情况下，稿件标题采用 2 号宋体，正文则用 5 号宋体。接下来就是稿件中图表和公式的规范要求。正文和目录一样，也是分通栏排和两栏排，具体是分栏排还是通栏排，各期刊要根据自身稿件的情况来确定。假如稿件中的公式很长，而且图表很大，最好采用通栏排。一般来说，社会科学学术类期刊稿件中的图、表和公式相对比较少，就可以采取分栏的排法，而自然科学学术性期刊的稿件中图、表和公式相对较多，采取通栏排相对更好。当然，一篇稿件也可以采取对文字分栏排，而对图表和公式通栏排的方法。

笔者在阅读期刊的时候，经常能够看到一篇文章的最后一页留有很大空白的情况，不仅浪费版面，而且也不美观。遇到这样的情况，笔者认为一方面可以让作者再适当地加一些内容，也可以做适当删减，尽量确保最后一页能够排满。另外，上转下接的情况也很容易碰到，这样虽然节省了版面，但如果一期期刊中有多篇出现这样的情况，就不仅破坏稿件的连贯性，也会造成美观程度下降，所以并不提倡。

第二，期刊的形式规范。（1）期刊的基本版式规范。期刊的基本版式规范主要涉及版本和开本。前者涉及正刊、专刊等各不相同的规范化要求，而后者则是指报刊幅面尺寸的大小，包括 32 开本、16 开本、大 16 开本、国际大 16 开本等。（2）装帧设计规范。涉及的方面有：一是封面。按照相关规定的要求，封面必须包含一些必备信息，而且它们各自有相对固定的位置。这些信息主要包括：中英文期刊名称、国内连续出版物号和国际标准刊号、刊期、出版周期、出版年、期、总出版期数等。对封面进行设计的时候，一定要把这些信息都设计进去，并将它们和期刊封面的其他信息和谐地编排在一起。二是封底。同样，按照相关规定的要求，封底也必须包含一些必备信息，而且它们也各自有相对固定的位置。这些信息主要包括：主管单位名称、主办单位名称、发行范围、编辑出版单位名称、地址、邮编、网址、印刷单位名称、条形码、主编、联系电话、定价等。三是书脊。厚度超过 5mm 时，书脊上应刊印期刊的中文刊名、总期数、出版周期、出版年、期等，出版年和总期数需要用汉字，纵向排列。四是扉页。扉页是封面之后、正文之前设置的副封面，其刊载内容比封面要多，一般情况下，会印有编委会成员名单等。

三、编辑业务技术规范化的基本原则

（一）坚持原则性与灵活性相统一

编辑技术规范的内容有的是明确的，有的是模糊的，据此，我们可将编辑技术规范划分成确定性、模糊性和参考性三种规范类型。确定性规范是一种标准模式，应该严格按其执行和操作；模糊性规范是一种原则性要求，各个期刊可根据自身的一些特点和要求选择性地进行执行和操作；参考性规范是编辑在长期的办刊过程中形成的一种约定俗成的模式，是编辑实践经验的总结，并非硬性规定。

（二）不同类型的期刊各有特点，应区别对待

第一，科技期刊和社科期刊的编辑规律和规范有很多相通之处，但也不能否认两者之间存在很大差异，有各自的编辑技术规范要求。比如，科技期刊稿件的标题层次序号的使用规范和编排方式与社会科学期刊就完全不同。

第二，即便都是社科类期刊或科技类期刊，不同期刊之间也有明显差异，不能一概而论。如在社科期刊中，学术性期刊和文摘类期刊，就各有特点，有不同的规范性要求。在办刊过程中，既要尊重同类型期刊的共性，同时也不能忽视每种期刊自身的性质和特点，一定要从期刊自身的实际情况出发，体现出自身的特点和规律。

（三）寻找更好的方式提高期刊的质量和传播效果

对编辑业务技术进行规范的目的，主要就是为了提高期刊的传播效果。采取不同的技术规范，效果肯定是不一样的。所以，在制定规范的时候，要寻找最好的模式，而在具体办刊中，也需要合理地根据确定性规范、模糊性规范和参考性规范的要求，并结合期刊自身情况寻找到适合自身的最佳模式。

（四）遵循理论和实践相统一的原则

编辑业务规范化建设，首先要遵循和执行以往的标准、理论，并在此过程中，不断充实和完善以往的规范和理论等。这就要求我们在编辑实践中，必须重视实践总结和理论研究。在编辑实践中，检验以往的规范和理论，并通过编辑实践，对以往的规范和理论进行丰富和完善，进而更好地完善编辑业务的规范化建设。

第二节　学术期刊稿件标题拟制规范

一、稿件标题的分类及作用

对标题的审读，前面已经论及，但所论针对的不是学术性期刊，本部分专门就学术性期刊稿件标题的拟制规范进行探讨。与一般稿件相同，学术性期刊稿件一般也是包括大标题和小标题。大标题包括两种情况，一种是只有一个正标题的，一种是含有一个正标题和一个副标题的。内文标题一般都会分为不同的层次，也就是说内文标题可分为一级标题、二级标题、三级标题等。

考察学术期刊稿件的标题，可以发现它有三种基本类型。（1）问题式标题。这类标题的形式一般是《论×××》《×××刍议》《×××浅析》《×××探析》《×××初探》《×××论析》《×××分析》《浅议×××》等样式。这也是一般学术论文经常采用的题目样式。（2）结论式标题。标题本身就是作者对某一问题的看法，一般就是一个陈述句。如：《中国经济学理论要突破西方经济学范式》（《济南大学学报》2017年第6期）、《审美的使命在于揭示人的可能性》（《济南大学学报》2017年第6期）等。这样的题目直接点明主题，在学术期刊稿件的标题中也比较多见。（3）范围式的题目。题目本身反映的是一个范围。如：《大学生随机教育工作的几点思考》（《中国成人教育》2010年第19期）、《跨国公司对外直接投资三因素分析》（《理论学刊》2007年第7期）等。

也有人把学术期刊稿件的标题分为问题式、叙述式（包括肯定叙述和否定叙述两种情况）、比较式、对比式标题等。

内文小标题的类型与大标题的类型差不多，不再赘述。

一般来说，稿件标题的作用主要有两点，第一是从宏观的角度，反映稿件的主要内容和作者要表达的思想，读者通过题目即可大体判断出稿件的主要内容；第二是可以作为参考资料标注时的标引依据。标题对一篇文章来说，就像是人的眼睛，一个好的标题能够起到画龙点睛的作用，对学术成果的推广和传播有着非常重要的价值。比如，很多人还对四十年前的一篇文章——《实践是检验真理的唯一标准》记忆犹新，除了其本身内容的科学和价值之外，和它标题的准确和鲜明也是分不开的。

二、学术期刊稿件标题的基本要求

（一）要准确

准确、科学是对学术期刊稿件标题最基本的要求。准确，指的主要是标题能够反映内容所要表达的主旨，能做到文题相符。这就要求作者在拟制标题时，既不能把稿件未涉及的内容涵盖进去，也不能把稿件涉及的内容刨除在外。例如，《非公有制经济与中国特色社会主义》一文就不能以《非公有制经济》为标题；同样，对非公有制经济进行了系统和全面分析研究的《论非公有制经济》一文的标题，也不能用《非公有制经济与中国特色社会主义》的标题来代替。同时，标题要准确，还要求标题中的用词必须准确。

（二）要新颖

从本质上讲，学术期刊刊登的稿件都是作者的研究成果，都会在原有相关研究成果的基础上有所创新，这种创新性在标题中要有所体现，也就是要求标题要有新颖性。而标题的新颖和独特，对读者也会有吸引力。学术期刊稿件的创新性主要表现在以下几点：开拓新领域，提出新课题；建构新理论，提出新观点；发掘新资料，做出新论证；发现新角度和新方法。有这样创新的稿件，标题自然也就不难做到新颖。另外，探讨新兴学科的稿件，其标题也比较容易达到新颖。

学术期刊稿件标题的新颖性还表现在标题拟制方式的多样化上。有很多学术期刊论文的标题好似八股文，陈旧老套，如动辄冠之以"论""探析""论析"等字样，似乎不这样，就显不出稿件的学术性了。事实上，这种观点是不对的。学术史上有很多著名专家学者的论文尽管都没有用"论""探析""论析"等字，但却产生了深远的影响。例如，钱钟书的《古典文学研究在现代中国》等。

在标题的拟制中，要想达到准确和新颖的要求，并不是一件非常容易的事情，这个过程中，要注意标题用词的选择和使用。经常用到的标题用词比较多，这些标题用词分别可以表达出不同的意义。合理使用标题用词，有助于克服稿件标题陈旧老套的问题。

（三）要简洁

简洁是对学术期刊稿件标题的基本要求之一，一个好的稿件标题一定是简洁明了的。因此，拟制稿件标题时一定要反复推敲。我们要求稿件标题要简洁明了，并不是要求标题的字数一定要少。不管标题长短，都必须反映出文章的主题。

除以上三点外，拟制标题时还需要注意：标题中不要用冷僻字、代号等；小标题层次要适中，以三层为宜，不宜超过五层。

三、小标题层次序号的规范处理

关于稿件内的小标题的层次序号，一般来说，自然科学期刊和社会科学期刊不同。自然科学期刊稿件的小标题序号均采用阿拉伯数字，不用汉字序号、罗马序号及 ABCD 等。稿件的前言或相当于前言的部分，既可以什么都不标，也可以标为 00；其他的各级标题依次编号即可，一篇文章中的第一大部分的第二小部分第三款可以标注为"1.2.3"。小标题层次过多，会造成其编号难以识别，为了避免这样的情况发生，相关标准规定，文内标题最多不超过四级。这样的规定最显而易见的一个好处是：可以很清楚地查看出各个章节之间的顺序以及相互关系。与自然科学期刊稿件小标题层次的标注规范不同，社科期刊稿件小标题层次序号一般是将汉字和阿拉伯数字联合起来使用，将各层次之间的关系标注为一、（一）、1、（1）等；由于标注注释的序号为"①、②"等，为避免与注释序号混淆，小标题序号一般不采用"①、②"这种方式。如果文内标题层次少的话，可以按照上述次序跳级使用，但不能颠倒顺序使用，而且一般在一篇稿件中层次序号的使用应该是统一的。

第三节　作者署名规范

在稿件中署上作者的名字，不仅能够充分地体现出对作者劳动的尊重，而且也是对稿件本身的负责。近些年，我们经常能够通过不同渠道听到或看到由于署名问题造成的作者之间、作者与编辑之间闹得不愉快的情况发生。其中一些不愉快甚至演变成官司而诉诸法律。因此，研究署名的规范问题是非常重要的。一般来说，文章署名过程中牵扯到的问题基本包括以下几个方面。

一、署名人应当具备的条件

编辑过程中，我们经常能发现一篇稿件署很多人的名，这些人中，有的人只是做了很少的研究工作，对稿件的贡献很小，有的甚至没有做任何工作，和稿件没有什么关系。这种署名显然是不对的。到底什么样的人才有署名资格呢？概括起来，主要包括以下几种情况。（1）必须参加了与稿件形成相关的调查、实验、资料搜集、撰写等全部或主要工作，并有实实在在的贡献；（2）必须熟悉稿件的所有内容；（3）对涉及稿件观点的不同意见能够给予合理说明和解释。在稿件的形成过程中，假如贡献很小，对稿件的形成全过程并不了解，那么，就不应当署名。例如，社科类研究中，只参加过搜集材料的人，或者只是提供了某些文字修改的人，就不应该在作者中署名。

关于署名的原则，主要包括以下几点：（1）如果只是参加了和论文有关的课题的研究工作，并没有对论文的形成提供实质性贡献，这种情况就只适合在文末或第一页页脚处作为参加科研项目的人员列举出来，而不能作为论文作者署名。（2）如果只对稿件的写作提供过很少的帮助，比如：可能有的协助进行了某项实验，有的为稿件绘制了插图，有的帮助修改了稿件的文字等，但对有关论文的整体研究和论文的形成并不清楚，这种情况，就只适合在文末注明，而不能作为作者进行署名。（3）稿件完成后，作者可能会向有关专家请教，请他们审阅稿件并给予指导，有的专家可能会给作者提出一些修改意见。提供了这样帮助的专家，也不适合在稿件上署名，因为他们并没有参与稿件形成的全过程，对这种情况，在文末注明专家提供的帮助并致谢即可。（4）有的硕士研究生或博士研究生的论文，常常署上导师的名字，除非是真的合作者，如果导师只是给予了指导，那么导师就不宜署名，可在文末或篇名页脚加注："本研究课题指导教师：×××"。(5)科研项目的行政负责人并不参加具体的研究工作，对项目的情况也不太了解，对稿件的形成更不清楚，所以也不适合在稿件中署名。

二、署名人排列次序的确定

关于署名人的排列次序，也是应该特别注意的问题，由此引发的作者之间的矛盾和冲突也很常见。具体的考量因素应该是对稿件贡献的大小，贡献大的排在前面，贡献小的排在后面。假如不是按照贡献大小而是按照行政职务或学术地位排名，就是学术造假，不仅会严重挫伤科研人员的积极性，而且会败坏学术风气。一般来说，稿件的第一作者就是稿件的执笔人，其熟悉相关的研究情况，并对稿件内容负主要责任。其他作者依照对稿件的贡献大小排名。排名不仅需要第一作者同意，也必须经过署名者本人同意。

三、作者署名规范

有关作者署名，需要遵照以下规范。

第一，作者的位置一般署的是作者个人的姓名，或一两个人，或多个人。有时候，研究者和写作者可能是一个团队，如果这样，也可以署团体作者。当作者以团体名称出现时，在文末或者首页页脚注明整理人和执笔人的名字为宜。

第二，如果是翻译的文章，署名的时候应该注明原作者的国别，位置在其姓名前，翻译人的姓名署在原作者后，也可以放在文末，用"×××译"表示。

第三，学术性期刊的稿件在署名的时候，应同时署上作者单位名称。作者所在单位要用全称。其标注方法一般是在作者姓名之下一行，同时标注单位所在城市以及城市的省份归属。如果作者不在同一个单位，就要在作者姓名右上角位置标注序号，单位名称对应作者序号进行标注。

第四节　学术期刊论文摘要的写作编辑规范

国际标准化组织认为，摘要是对一份文献内容的缩短的精确的表达。根据其用途的不同，可将摘要分为很多不同的类型。笔者在此只探讨学术期刊论文的文前摘要。

文前摘要主要有三个方面的作用：一是节省读者的时间。因为摘要是稿件的梗概，所以通过阅读摘要，读者即可以了解稿件的主要内容，据此也就可以判断和决定是否要阅读整篇论文。二是为文献检索做准备。一些文摘型检索刊物在编制文献摘要的时候，可以直接利用期刊论文的文前摘要，也可以在其基础上修改加工一下使用，非常方便。三是有利于计算机存贮。

目前，绝大多数学术期刊的论文都有文前摘要。文前摘要看似文字不多，但存在的问题却很多，这些问题主要表现在：摘要和内容提要不分，其实二者之间存在很大差异；不清楚摘要的内容和要求，因此写摘要的时候往往写不到点子上；对摘要的类型及其具体应用不了解，不知道文前摘要的写作体式。

一、摘要与内容提要的区别

（一）两者的内容要求不同

一般来说，提要的内容主要包括：对原文献的主要内容进行总结，并附以评价性内容和向读者推荐的一些话语，同时还可以在其中介绍一些背景资料。而摘要则是对原文章内容的一个缩写，不涉及其他文献内容，也无需对原文章进行评价和推荐。

（二）写作目的和适用范围不同

写作摘要的目的在于向读者客观地介绍所刊发稿件的主要内容，读者在看过摘要后，即可以迅速了解稿件的内容，并确定是否还要阅读全文。摘要主要适用于学术性期刊的稿件。而提要则一般用作书籍，其目的则是向读者介绍书籍等的内容框架、实践和理论价值等。它在总结原书内容的同时，一般还会对其进行评价等。

（三）编写者不同

因为摘要是对原稿件内容的压缩总结，所以作者在投稿的时候就会同时写好摘要，而提要就不同，提要要由编者来写，因为它有向读者推荐的内容。

二、摘要的几种类型

我们可以选择不同的角度对摘要进行分类，笔者在这里采纳的三分法是来自 ISO214-1976（E）中介绍的一种方法，下面就这三种摘要分别做以介绍。

（一）报道性摘要

报道性摘要就是对稿件内容的浓缩，不看原稿件只是阅读其摘要，读者就可以清晰地看出原稿件的主要内容，所以，它包括的信息和原稿件相同。报道性摘要比较适合论述内容相对单一和集中的学术期刊论文。报道性摘要的字数一般在300字上下。

（二）指示性摘要

它主要介绍文献的论题、取得的成果和水平。通过阅读指示性摘要，读者虽然可大体掌握稿件的主要内容，但它很难替代原文。指示性摘要比较适合创新内容少的稿件。一般来说，指示性摘要适合论题较多、内容较杂的综述性文章等。指示性摘要主要起检索作用。其篇幅和报道性摘要相比要短，以200字以内为宜。

（三）报道—指示性摘要

报道—指示性摘要是介于前两种摘要之间的一种摘要，它不像报道性摘要一样那么详细，但也不像指示性摘要一样那么粗略。它以报道性摘要的形式表述研究中价值最高的那部分内容，剩余部分则以指示性摘要的形式进行表达。字数一般在200～300字为宜。

由以上分析可见，学术性期刊的稿件一般都会采用报道性摘要的形式，只有那些创新内容非常少的稿件，才选用报道—指示性摘要或者指示性摘要。一般来说，学术期刊论文发表的目的就是要被大家认可和使用，一篇稿件，如果摘要写得不好，那么，其进入文摘杂志和检索数据库后，被人阅读和引用的次数就会少很多，足见摘要书写的重要性。

三、摘要写作规范和编排格式

摘要书写遵循一定的格式和内容规范要求，所以，要想把摘要书写好，有关摘要的内容结构和写作的基本要求的知识就必须了解和掌握。

（一）摘要的内容结构

在此，我们只讨论社科期刊摘要的内容结构。参考国家标准要求，再综合社科学术期刊稿件的具体特点，笔者认为，社科类学术性稿件的摘要大体应包括如下内容。

1.论题。指的主要就是研究的对象、研究的目的以及研究的任务。

2.观点。指文章当中的新发现和新观点。

3.方法。社会科学研究方法主要包括：调查法、观测方法、定性方法、定量方法、信息方法、黑箱方法、系统方法、理解方法、预测方法等。对方法的介绍，不可含糊其词。

4.结论。根据研究结果做出的判断、评价、预测、建议等。结论部分应掌握好度，不能说过头话，也不可妄下论断。

5.其他。是指超出论文主题范围之外的有情报意义的信息。

（二）摘要写作的基本要求

1.要客观。摘要要服从于原文，要对原文的新观点、新方法、新论证进行合理概括，必须对原文做忠实的反映，不能夸大和缩小，决不可涉及原文以外的内容。摘要就是对原文的压缩，不可出现一些表示主观概念的词汇，如"笔者""本人""本文""我""我们"等。这是由摘要必须客观反映原文内容、不能包括评论性文字的特点所决定的。

2.要简洁。摘要是对全文主要观点和内容的浓缩，有字数限制，一般要控制在300字以内，这就要求必须对每一句和每一个字作认真推敲，讲究语言的简练和贴切，不可出现和原文主要内容无关的语句。

3.要完整。摘要就是压缩的原文，其语义必须连贯、逻辑合理、结构严谨、文字顺畅、自成一体。读者通过阅读摘要，应该就能清楚地看到原文的基本信息和格调，这就要求摘要必须做到能独立表达和说明问题。

4. 要规范。根据相关规范的要求，摘要中不要介绍一些常识性的东西；稿件题名中已经包含的信息，不必在摘要中再做介绍；写作风格要和原稿件相同，不可采取两种不同的风格；摘要也是一篇独立的短文，其写作也要符合语法规范；摘要书写中用到的名词术语一定符合规范要求；写作中如果用到非标准术语、缩略语等，在其第一次用到的地方一定要做出说明；在摘要中，不要引用参考文献；不是法定的计量单位不要使用；标点符号使用要符合规范，慎用简化字，用的话也要符合规范。

（三）摘要排版中应该注意的问题

摘要排版中也有一些规范要求，具体排版中需要遵照执行。

1. 摘要一般安排在作者单位名称和关键词之间，和单位名称之间隔一行排列，"摘要"两个字用黑体，或用方括号标引。

2. 摘要的字体和字号一般不要和正文相同，一般的学术性期刊正文采用的是五号宋体，而摘要则通常采用小五号楷体。

四、摘要编写中应注意的事项

在审稿过程中，我们经常会发现一些不合乎规范的摘要，甚至包括一些名家的稿件，其摘要书写也经常存在问题。所以，对摘要编写中应注意的问题进行总结，非常有必要。

第一，摘要是稿件本身的缩写，要介绍的当然是稿件本身的观点和内容，切忌涉及其他研究的有关内容，以及相关研究的背景资料。例如《从两性视觉解读王安忆"三恋"》一文的摘要：

此前评论多从"女权主义"或"性"的角度去评述王安忆的"三恋"。本文运用两性视觉，从两性之性而非单性之性来重构一种解读"三恋"的意义模式……

这个例子中的第1句，属于研究的背景材料，应该从摘要中删除。

第二，摘要书写要开门见山，切忌绕弯子，作空泛的讨论，应直接将文章的主要观点和结论介绍出来。例如《新型城镇化背景下中国都市农业旅游发展形态演变及发展机制探讨》一文的摘要：

都市农业旅游独特的社会、经济和生态功能使其成为当前我国城市可持续发展研究的热点之一，其可持续发展是一个复杂的系统工程，涉及领域和行业面较广。通过系统论的思维与方法系统对我国都市农业旅游的发展过程进行研究可以发现其嬗变过程：单极核结构、圈层结构、组团结构、复合圈层结构，探究促进都市农业旅游的发展策略：农、旅、文三位一体化，三大产业融合，高新技术开源节流。

这个例子中的第1句"都市农业旅游独特的社会、经济和生态功能使其成为当前我国城市可持续发展研究的热点之一，其可持续发展是一个复杂的系统工程，涉及领域和行业面较广"，没有必要出现在摘要中。

第三，摘要一般采用陈述句式，尽量不用问句、感叹句等句式。例如《公共政策执行的要素分析》一文的摘要：

影响公共政策执行的要素有哪些？结合我国的实际情况分析的结果表

明，决策过程、信息沟通、执行主体和管理资源投入是影响公共政策执行的四大要素。

这个例子中的问句不应该保留，摘要从"结合我国……"开始即可。

第四，有的摘要和稿件头尾有重复，这种情况应该避免。如出现这种情况，可按照如下方法进行修改：（1）按照原意对稿件开头的内容进行修改，或者变化一下角度重写；（2）开头的内容实在不好改的话，也可以直接删除，根据笔者的经验，这种情况下做删除处理后，不会影响稿件的表达；（3）删压开头的文字，只保留较少内容。

要把摘要写好、写规范，并不是一件非常容易的事情，它需要作者和编辑共同的努力。作者一定要从思想上高度重视摘要的编写工作，要像撰写论文一样编写摘要，做到精益求精。

第五节　学术论文关键词及其标引规范

国家的相关标准要求：发表学术论文，必须标引关键词。关键词属于主题词中的一类，所谓主题词就是指用以表明文献主要内容的词或者词组。用以表明文献主题的词或者词组有很多种，当前学术论文使用的主要是叙词和关键词这两种。叙词和关键词看起来都是词和词组，但二者取词的方式却完全不同。叙词来自主题词表，主题词表内的词都是经规范化处理过的，因此，表明同一主题的叙词不管什么情况都是一样的。关键词却不同，它是从稿件的题目和正文中直接抽取出的，没有经规范化处理过，因此，表明同一主题的关键词就不一定相同，而可能有多种形式。如"论文"和"学术论文"都可以用以表达学术性文章，"中华民族"和"华夏民族"也可以用来表述同样的意思等，它们都可能、也都可以成为表明主题内容的关键词。另外，标注叙词需要非常严格且精准地根据《汉语主题词表》来选词，但关键词却能够直接从稿件中来抽取，相对比较灵活，所以，学术期刊论文一般标引的都是关键词。

一、关键词的作用

国家标准要求学术期刊论文标引关键词，基于关键词的如下两方面的作用。

（一）关键词可以传递出原文的主要内容

相关国家标准将学术论文中的关键词描述为：关键词是为了文献标引工作从学术论文中抽取出来的用以表明学术论文主要内容的单词或者术语。网络时代的高速发展，使文献信息海量增加，人们只有通过大量地阅读学术论文，才能了解到相关领域里最新的学术成果和学术动态，这样就会耗费读者大量的时间。而学术期刊的稿件标引上关键词后，读者可以首先通过阅读关键词来了解稿件的主要内容，在此基础上，就可以判断需不需要进一步阅读稿件的摘要或全文。

（二）关键词可以作为系统查找文献的检索点

想要在海量的文献中快速查找到自己需要的文献，就必须通过检索工具。也就是要先通过检索工具查找到资料的相关线索，然后再据此线索查找到自己需要的原始文献。检索工具中用来标识文献的既可以是标题，也可以是分类号和关键词等，这其中最便于读者使用的还是关键词。当前，一些非常重要的检索工具，其检索途径基本还是关键词索引。其原因主要是：一篇文章都会有多个关键词，这些关键词能够轮排，因此，从每一个关键词入口都能够检索到此文章。同时，进行文献检索时还能把关键词进行组合搭配使用，这样就确保了检索专指度的提高。

从以上的分析可以看出，对学术论文标引关键词对于将其纳入检索系统、保证读者快捷地查寻到所需要的文献具有非常重要的价值。

二、关键词标引的方法

对关键词进行标引，需要掌握如下几种方法：

（一）对稿件所表达的主题进行系统和全面分析

要对文章研究的主要内容、使用的主要方法、研究的角度、论证的方法、结论情况等进行全面和系统的分析。

（二）对需要标引的反映主题的主要概念进行分析和提炼

在对稿件主题进行分析的基础上，抽取出最能够表达文章主要内容的概念。一般来说，主题概念包含两部分，一部分是显性主题，另一部分是隐性主题。显性主题是文章中比较明确的能够直接标引为关键词的主题，如《期刊编辑的创新心理分析》一文中的"期刊编辑""创新心理"都是显性主题。而隐性主题则是必须在对稿件的主要内容进行分析后才能发现的一些深层次主题概念。

（三）对主题概念进行分析并将其转化为关键词

对选出的主题概念进行全面分析，然后抽取并确定出关键词。

（四）对确定出的关键词进行验证

在确定出关键词后，还要对它们进行验证，看看其是否准确和合适。这个过程中要注意两个问题，一是抽取出的关键词必须可以准确反映文章的主要内容，另一个是关键词必须有助于检索功能的实现。

上面介绍的是抽取和确定关键词的几个步骤。尽管关键词不是经过规范化处理过的词，无须从叙词表中查找，可也应该掌握一些标引规则。

三、对关键词进行标引需要把握的一些原则

（一）专指性原则

关键词选择必须是在分析文章主题概念的基础上，从中抽取出最有专指属性的词，不能把笼统的、模糊的词抽取出来作为关键词。

（二）组合搭配原则

一般来说，学术性期刊稿件中的主题概念都不会是单一的概念，而是复合的概念。可是，对关键词进行标引，用的却是单一概念，这种情况下，就可以抽取出多个单一的概念用以反映某个复合的概念。

（三）上位标引原则

当某一个主题概念太过于专指时，应该用它的上位词来标引关键词。如，"扫雪车"可以用"清洁车"来标引关键词。

（四）关键词的数量

一篇稿件标注几个关键词，一般取决于稿件主题的范围。正常情况下，每一个主题应该用至少一个关键词来反映。每一个关键词都是一个检索的入口词，如果选得过少，一些有价值的信息可能就会被埋没掉了，容易造成漏检；可也不能矫枉过正，选得过多，因为如果选得过多，容易造成超出主题范围，这样，查准率就会降低了。国家相关标准规定，一篇学术性稿件标引关键词的数量在 3 个到 8 个之间为宜。

（五）关键词的位置

一般情况下，关键词单独一行放在摘要之后，正文之前，前面署上"关键词"三个字，每个关键词之间可以加分号，也可以空一格。

第六节　社会科学学术期刊稿件的分类标引

一、对社会科学学术期刊稿件进行分类标引的目的及其价值

信息技术日新月异的发展，使文献载体发生了巨大变化，载体形式已经由单一的纸质介质发展到互联网数据库、磁带数据库、光盘图书、互联网期刊和电子公告等，对文献进行检索的手段也早已从过去的手工检索更新为计算机检索，与之相适应，文献的标引自然也要发生新的变化。对学术期刊稿件进行关键词标引就是这些新变化的表现之一。关键词标引之后，又出现了学术期刊论文分类标引的要求。对学术期刊稿件进行分类标引，指的就是对公开发行的学术期刊上的所有稿件，依照《中国图书馆分类法》的标准，确定出分类号。对稿件进行分类标引，不仅可以方便文献检索，为文献检索提供另外一种途径，而且为相关机构和部门评价期刊和统计分析论文提供方便条件。

学术期刊论文为什么在标引了关键词之后还要标引分类号呢？应该说，目前绝大多数社科学术期刊的稿件都会标引关键词，前面已经论及，标引关键词对文献检索者有两方面的好处：一是读者在阅读正文前通过关键词即可对该文献所涉及的主题有一个大体的了解；二是关键词为读者进行文献检索提

供了一个新入口。尽管这样，关键词也无法取代分类号，其原因有如下三个。

第一，关键词属于自然语言，它是从稿件当中抽取出来的，由一些能够表明稿件主要内容的词组成，通过关键词入口，可以检索到与之相关的文献。可它不仅反映不出这些相关文献在整个知识结构中的位置，对各文献之间的内在联系也反映不出来。但是，分类语言却能够解决上述问题。

第二，关键词作为一种自然语言，其标引没有严格的规范，再加上同义词等相关词汇的影响，导致关键词的选择差异会很大：同一篇稿子，不同的人标引出的关键词可能有很大差异。这样的情况在检索的时候也可能出现：每个人都是按照自己的习惯挑选关键词，然后再将这些有差异的关键词作为检索入口词来使用，这样一番操作以后，就很可能会导致漏检或误检等现象发生。而对稿件进行的分类标引所遵循的是已经规范化了的分类表，尽管也可能会有人为的不同，可这样的不同和自然语言相比要小很多。

第三，关键词的数量一般在 5 到 8 个之间，数量比较多，而且各关键词之间往往是并列关系，无法反映出彼此之间的内在联系，很容易分散文献的主题，影响到查全率。而分类号一般在 1 到 3 个之间，比较集中，学科集聚的特点非常明显。

二、社科学术期刊论文类别的划分

分类就是按照事物的本质属性，将事物区分成类的过程，是人类认识事物和区别事物的一种非常好且有效的方法。一般来说，我们会通过事物的本质属性来对其进行归类，当然，也会由于需要而选择其他的属性作为分类依据。因为每一种事物都会有多种属性，对事物进行分类时，可以选择其中一种作为依据。另外，一般来说，分类总是可以连续进行的，一个大类下边会有很多子类，每个子类下边又会有很多小类，以此类推而划分出多层次、多级别的类目。

目前，对稿件的分类标引，依据的是《中国图书馆分类法》。

（一）《中国图书馆分类法》的大类划分

《中国图书馆分类法》将图书等资料分为5个基本部类，即马克思主义、列宁主义、毛泽东思想；哲学；社会科学；自然科学；综合性图书。在社会科学和自然科学这两个基本部类下边又分出了若干个大类：社会科学下有9大类，自然科学下有10大类，这样就共形成了22个大类。在《中国图书馆分类法》中，用的是汉语拼音的大写字母来标记这22个大类。

（二）社会科学9大类进一步的展开

社会科学一共涵盖了9大类，每一大类下又分出了很多子类。如历史、地理的二级类目为：K0史学理论；K1世界史；K2中国史；K3亚洲史；K4非洲史；K5欧洲史；K6大洋洲史；K7美洲史；K81传记；K82中国人物传记；K833/837各国人物传记；K85文物考古；K86世界文物考古；K87中国文物考古；K883/887各国文物考古；K89风俗习惯；K9地理。

（三）对于共性类目的仿照复分

为体现出分类表的系统性和简明的特点，并同时达到细化分类的目的，《中国图书馆分类法》针对分类系统中出现的共性类目，还特别制定了两种仿照复分办法，这两种仿照复分办法形式不同。一种是各类都通用的复分表，这类复分表共有6个。受社会科学学术期刊稿件本身特点的影响，再加上当前对社会科学学术期刊稿件分类标引的深度有具体层级要求，因此，除了世界地区表和中国地区表，其他的复分在实际的分类中很少会用到。由于种类复杂且繁多的社会科学学术期刊涉及的学科非常广泛，所以，要想对社会科学学术期刊稿件进行分类标引，不仅需要非常熟悉分类法主表框架，即使对各个通用复分表也应该尽可能掌握，只有这样，才能更恰切地把握一篇稿件的主题，并准确地标引出其分类号。

　　除了上面介绍的通用复分表外，《中国图书馆分类法》还针对各学科门类中出现的专类共性区分问题，制作了专类复分表。如在哲学、宗教类中的中国哲学下编有中国各代哲学复分表和其他宗教复分表，供中国各代的哲学和其他各宗教的复分。同时，还有下位类仿照上位类进行的复分，以及相邻类目的仿照复分等。这些专用的仿照复分会使分类号加长，有的甚至能够加长到七八级类目。可是，目前对社会科学学术期刊稿件的分类一般能标引到三四级就足够了，因此，仿照复分其实是可以暂时不必考虑的。

三、对社会科学学术期刊论文进行分类标引需要遵循的原则

（一）标引深度原则

　　对学术期刊论文进行的分类标引，主要是从学科的角度完成族性检索，如果从反映文献的深度上来看，分类号的标引层级肯定是越多越好，因为层级越多专指度就会越强，检索的准确率也就会越高。但是分类号是和关键词等其他的检索途径共同存在的，相比较来说，关键词是从文献的主题出发对其进行标引的，因此检索也是从主题出发的，它无法反映出文献的学科属性，而分类号就恰恰可以弥补这种不足，并且也正是为了弥补关键词的这种不足才设置了分类号这一检索途径，所以分类号的标引层级在一定程度上就可以少一些，这样可以确保文献检索时的查全率。可是当有的大类下文献特别多的时候，假如标引层级只到一二级类目，由于学科范畴太笼统，就可能会形成误检。例如，研究文学的论文目前很多，如果只是分到三级类目 I206

"文学评论和研究"类下，显然会将文学批评史、古代文学、近代文学、当代文学的文献分在一起，检索时就会检索到许多并非自己所需的文献，查准率就会比较低。如果在"文学评论和研究"下再按年代进行复分，标引为I206.5，就特指"近代文学评论和研究"，或标引成I206.7，就特指"当代文学评论和研究"，这样就可以大大缩小检索范围，提高查准率。

综合以上分析，笔者认为，作为与标题、摘要、关键词并存于期刊论文之前的分类号，标引深度以不超过六级为好。

如何把握社会科学学术期刊论文分类标引的层级，是一个非常值得研究和讨论的问题，应该在编辑实践中反复摸索和总结。

（二）交替类目的使用原则

在《中国图书馆分类法》中，设置了很多的交替类目，这样做的原因在于一个子类能够同时分属于两个上位类。比如，革命理论，既是历史唯物主义的下位类，同时也是哲学政治学、政治理论的下位类，所以分类法在历史唯物主义之下把革命理论列为交替类目为 [B034]，并注释说"宜入 D01"。对学术期刊论文的分类标引，交替类目的使用，原则上是全部标引，通过多种类目反映。例如革命理论，可标引为 D01；B034。

（三）联合符号与组配分类号的使用原则

在社会科学学术期刊稿件中，我们经常能见到涉及两个乃至两个以上并列学科主题的情况。例如"计算机科学与统计学"，就是计算机与统计学两个学科并列出现，它的分类号应当标引为 TP3+C8，其中的"+"号为联合符号，也就是同时将两个学科都标引了出来。这样，在检索的时候，两个学科中都可以检索到这篇文章。科学技术的飞速发展，催生了很多边缘学科和交叉性学科：有的是由两门及两门以上的学科相互交叉形成一门新的学科，例如，统计哲学、历史哲学、新闻出版学等；有的是应用这一门学科的理论和方法研究另一门学科，例如教育心理学、经济心理学、数学金融学、出版统计学等。在标引这样的文献时，就要使用概念组配号，以便从多个角度表现文章内容，使检索者可从多个学科检索到此文献。

（四）分类号标引数量的原则要求

目前，国家相关规范有的对学术期刊论文分类号的标引数量有明确要求，比如 1 ～ 3 个，而有的就没有明确的数量限定和要求。笔者认为，对一篇论文标引 1 ～ 3 个分类号，就可以比较好地反映出其学科属性。当然，遇到多学科、多主题的论文，只标引 1 ～ 3 个分类号，可能就无法恰切地反映出其学科属性，这种情况下，就可以考虑多标引几个。

三、社会科学学术期刊论文分类标引的步骤和方法

（一）对论文进行分类标引的步骤

对文章分类标引，可按照如下步骤进行。

1. 对文章主题进行认真分析。通过对文章各部分内容的阅读，从中发现并判断出文章从属于哪个学科。

2. 辨析类别。通过上一步确定出的学科类别，在类表中找到文章所属的类目。

3. 确定并标引出文章的分类号。在对文章的学科属性和内容主题有了明确判断后，就可以据此在《中国图书馆分类法》中寻找到合适的分类号来表明稿件的主题性质了。一篇文章可标引一个分类号，也可以标引多个分类号。不管标引几个，目的都是要尽可能做到准确、一致、充分、适度。准确，是指分类、归类精准，没有错误。一致，是指对同一主题的文章，分类号的标

引要尽可能一致，深度也要大体相同。充分，是指要对论文的学科属性做全面分析，充分反映出其所表达的主题内容。适度，是指标引的层级要适中，要尽可能反映出文章的相关属性。

（二）对论文进行分类标引的方法

1. 对论文的属性进行辨析的方法。对论文进行分类标引，很重要的一个任务就是要依据其主要内容准确辨析出它的学科属性。而要判断其学科属性，非常重要的一点就是剖析稿件的标题。通常来说，标题和内文的内容是相符的，标题能够比较好地反映出文章的主要内容。剖析稿件标题，可以把组成标题的各部分按照其涵盖实质性内容的不同对其进行分割，每一部分对稿件内容的实际贡献是不相同的，贡献大的就是我们应该抽取出来的，贡献小的甚至没有什么贡献的舍去即可。例如，《论新闻道德价值观 / 的确立 / 及其 / 道德责任》（《理论学刊》2007 年第 7 期）；《论中国共产党 / 依法执政运行机制 / 的构建》（《理论学刊》2007 年第 7 期）前者的主题概念是"新闻道德价值观""道德责任"，后者的主题概念是"中国共产党""依法执政运行机制"。其中，"论""及其"是没有意义的，舍去即可，不必考虑。

进行分类标引时，我们不仅可以从标题中抽取概念分析主题，也可以从摘要、关键词以及内文中抽取概念，对主体进行分析。

2. 对类表体系进行识别的方法。按照上面介绍的方法，可以对论文的学科属性进行辨析和确定，在此基础上，我们还要对文章的整体结构进行分析和把握，以便下一步对文章进行分类标引。

我们对文章进行分类标引，参照的就是图书馆分类法的类表，这就需要我们必须对类表熟练掌握，做不到这一点，就很难做到正确标引。《中国图书馆分类法》的类表涵盖的面很广，包括了每个学科、每种事物，它是以科学分类法为基础，同时兼顾到一些文献的独特性编制而成的。如何了解并掌握这个分类体系？笔者认为可以采用纵向分析法、横向比较法和注释鉴定法等。

纵的分析法，也就是要在掌握类表的基本大类的基础上，一级级地递进，并进行概念划分，每一大类下有多少小类，每一小类下又有多少更小的小类，一级级分下去，一直到最末级，就形成了一个有从属关系的系统。这个系统是一级级递进排列的一个序列，它把上下位各类的关系标识得非常清楚。上下位各类之间有着如下的关系：下位类的性质包含在上位类的性质之中，上位类的一些属性又通过某些下位类来表现出来；下位类所有性质的总和等于其上位类的性质；上位类包含所有的下位类，而下位类依存上位类存在。在对学术期刊稿件进行分类时，如果能分入下位类，就肯定能入该下位类的上位类。通过《中国图书馆分类法》分类表的纵的分析法，我们就很容易对分类表从宏观上进行理解和掌握了。

横的比较法，指的是通过对《中国图书馆分类法》分类表中的各类之间进行横向比较和分析，找到其彼此间的联系、不同和内部规律。同位类之间的关系包含两种：一种是并列关系，假如只用一种属性对某一类目进行划分，这一类目中的各小类之间就共同拥有这一种属性，这些小类之间在形式上是同位的，在内容上拥有并列关系，概念的外延方面是互相排斥的。如果利用并列关系给文章进行分类，一篇文章只能入同位类中的一类。另外一种是交叉关系。假如用多种属性对某一类目进行划分，那么，用这种方式划分出的各小类之间，在形式上是同位的，在内容方面则是互相交叉的，在概念的外延方面会有重叠。如果利用交叉关系对文章进行分类，那么，一篇文章不仅可以入某一类，还可以入其同位类。在分类表中，还有许多交替类目、参见类目，而且还有的文章既能入总论类，还可入专论类，等等，这都是各类目横向关系中经常能够见到的。所以出现这种情况，一是因为同一事物不仅这一学科可以研究，其他学科也可以研究，本身就具有多重类目的性质；二是随着研究的深入和事物的发展，出现了越来越多的交叉学科，各种事物之间的关系也变得更加复杂，彼此之间存在的关系层级更为复杂。为满足这种状况，分类表中就设置了一些交替类目、参见类目、总论类与专论类目等，将这些关系联系了起来。对社会科学学术期刊的论文进行分类，主要是用于检索，因此应充分体现文献的多维属性，以便能够将文献的内容充分表达出来。

另外，通过阅读分类表对各类目的注释，我们就可以比较清楚地了解到各类目的性质、收入文献的范围，以及一个类目与其他相关类目的关系等，并在此基础上，确定出某一类目的属性范围，从而对要做分类标引的论文进行归类。这种了解分类表的方法就是注释鉴定法。

四、社会科学学术期刊论文分类标引中应当注意的几个问题

（一）对应用类学科文章进行标引时应注意的问题

在对社会科学学术期刊稿件进行分类标引的时候，我们常常会遇到利用这一学科的理论和方法对另一学科的问题进行研究和探讨的文章。对这样的文章进行分类标引，原则上应该先根据应用到的主题所归属的学科进行标引，然后再根据被应用的主题所归属的学科作组配标引。如对文章"经济心理学"进行标引时，应当先用经济学科作标引，然后再用心理学学科进行标引。这样两个学科有检索需求的人都可以检索到这篇文章。

（二）对含有多个主题的文章进行标引时应该注意的问题

如果一篇文章牵扯到两个或两个以上的主题，那么，为了多维度地对其进行展现，一般应该对牵扯到的主题都进行标引。假如牵扯到的主题在 3 个

以上，则可以选择其中比较重要的两个或三个进行标引。

（三）对交叉、边缘学科文章进行标引时应该注意的问题

研究的不断深入和科学的不断发展，催生了大量交叉和边缘学科，从事这方面研究的人也越来越多，相关的学术文章也大量涌现。对这样的文章进行分类标引，如前所述，可以用类号组配的方法。

（四）对新兴学科学术文章进行标引时应注意的问题

目前，一些新兴学科在分类表中还没有非常确切的类目可以归属。对这样的文章进行分类标引时，可以采用上位类的靠类标引办法等，但标引过程中，一定要做到前后标引的统一性。

（五）标引中，如果能标引到下级类目，就不能标引到上级类目

原则上来讲，一篇文章如果有确切的下位类可归的就不应该将其标入上位类。比如关于国际共产主义运动的论文，应标引到国际共产主义运动这个类目，而不应标引到它的上位类目——政治、法律。

相较于关键词标引，社科学术论文的分类标引更加复杂，因此初步接触的人常常会觉得很难。这就要求我们必须认真学习并掌握学术期刊论文分类标引的方法，通过研究《中国图书馆分类法》各类表的内在规律，不断提高论文分类的准确性。另外，我们还要对学术期刊论文分类和图书分类各自的特点和规律进行深入系统的研究，这样，不仅可以提高对社会科学学术期刊论文标引的准确性和标引质量，还可以对《中国图书馆分类法》进一步修订和完善等提出更切合实际的意见和建议，使之更适应信息时代社会发展和科学研究的要求。

第七节　学术期刊论文参考文献著录规则

　　所有的科研项目和科研成果都无法离开对前人研究成果的借鉴和利用，学术期刊的论文作为作者对某一学科问题研究的成果的一种文字载体，其观点的形成、论证以及结论的得出等也都离不开已有的研究成果。参考文献就是在论文中对前人研究成果借鉴和利用的标记。它指的是对一个信息资源或其中一部分进行准确和详细著录的数据，一般来说位于文末或文章当中。参考文献体现的是作者的研究成果和前人研究成果的一种关系，也是作者和前人的研究成果与以后的研究工作之间的一座桥梁。所以，参考文献是学术期刊论文必不可少的非常重要的组成部分，它的规范化程度和水平，会直接影响论文的学术水平，也反映着作者的文风。

　　为规范参考文献著录，国家专门出台了《信息与文献 参考文献著录规则》（GB/T7714-2015，本标准所代替标准的历次版本情况为 GB/T7714-1987，GB/T7714-2005）。笔者参考新规则标准，然后再结合自己的期刊编辑实践工作，对各类型参考文献著录格式总结如下。

一、专著的著录格式

　　专著，指的是以单本或多卷本的形式出版的印刷形式或非印刷形式的出版物，主要包括图书、会议文集、标准、多卷册的书籍，以及硕士学位论文或博士学位论文等。

　　对专著类的参考文献进行著录时，需要著录的项目主要包括：著作的主要责任者、题名、文献标识码、出版地、出版单位名称、出版年、引文页码等。

著作的著录格式为：主要责任者.题名 [文献标识类型 / 文献载体标识].出版地：出版者，出版年：引文页码 [引用日期].获取和访问路径.数字对象唯一标识符.

实践中，可参阅如下例子进行著录：

[1] 姚福申.中国编辑史：修订本 [M].上海：复旦大学出版社，2004：377.

[2] 简·奥斯汀.傲慢与偏见 [M].英语学习大书虫研究室，译.奎屯：伊犁人民出版社，2001：344-347.

[3] 徐光宪，王祥云.物质结构 [M].北京：科学出版社，2010：117-119.

[4] 中国国家标准化管理委员会.信息与文献 参考文献著录规则：GB/T7714-2015[S].北京：中国标准出版社，2015：7-8.

[5] 顾炎武.昌平山水记；东京考古路 [M].北京：北京古籍出版社，1992.

[6] 王夫之.宋论 [M].刻本.金陵：湘乡曾国荃，1865（清同治四年）.

[7] 吴世灯.第一届国际出版学研讨会论文集 [C].科学出版社，2004：133.

[8] 中国第一历史档案馆.中国明朝档案总汇 [A].桂林：广西师范大学出版社，2001：100-101.

[9] 紫金陈.追踪师 [M/OL].北京：中国友谊出版公司.2017[2018-05-25].https：//yuedu.baidu.com/ebook/39608953dc36a32d7375a417866fb84ae55cc303?pn=1&click_type=10010002&rf=https%3A%2F%2Fyuedu.baidu.com%2F.

[10] 刘同.我在未来等你 [D/OL].北京：北京联合出版有限公司，

2015[2018-04-21].https：//yuedu.baidu.com/ebook/d949e958f342336c1eb91

a37f111f18583d00cdc?pn=1&click_type=10010002&rf=https%3A%2F%2Fyu

edu.baidu.com%2F.

[11] F Scott Fitzgerald.Great Gatsby[M].Landon：Everyman＇s Library，

1991：154.

二、专著中析出文献的著录格式

析出文献指的是从某信息资源中析出的具有单独篇名的文献。

专著中析出文献的著录格式为：析出主要责任者 . 析出文献题名 [文献标识类型 / 文献载体标识]. 析出文献其他责任者 // 专著主要责任者 . 专著题名：其他题名信息 . 版本项 . 出版地：出版者，出版年：析出文献的页码 [引用日期]. 获取和访问路径 . 数字对象唯一标识符 .

举例如下：

[1] 伊名 . 生活需要简单来沉淀 [M]// 长青，金山，鸿运 . 齐鲁英才 . 北京：中国文联出版社，2001：367-369.

[2] 张晓鸣 . 基于生命周期理论的图书市场营销策略及其要素 [C]// 山东省报刊协会，山东省期刊协会，山东省书刊发行业协会 . 新探索——新闻与出版论文集 . 济南：山东人名出版社，2006：225-229.

[3] 关于国民精神总动员的指示 [M]// 中共中央文件选集：第 12 册 . 北京：中共中央党校出版社，1991：45.

三、连续出版物的著录格式

所谓连续出版物，前面已经讲过，指的是年卷期号或年月日顺序号，并计划无限期连续出版发行的印刷或非印刷形式的出版物。

连续出版物著录格式为：主要责任者. 题名：其他题名信息 [文献标识类型 / 文献载体标识]. 年，卷（期）– 年，卷（期）. 出版地：出版者，出版年 [引用日期]. 获取和访问路径. 数字对象唯一标识符.

举例如下：

[1] 山东女子学院. 山东女子学院学报 [J].1987，（1）–. 济南：山东女子学院，1987–.

[2] 解放军报社. 环球军事 [J].2001，（1）–2017，（404）. 北京：解放军报社，2001–2017.

四、连续出版物中的析出文献著录格式

连续出版物中的析出文献著录格式为：析出文献主要责任者. 析出文献题名 [文献标识类型 / 文献载体标识]. 连续出版物题名：其他题名信息，年，卷（期）：页码 [引用日期]. 获取和访问路径. 数字对象唯一标识符.

举例如下：

[1] 鲁玉玲. 期刊编辑理论创新的心理障碍浅析 [J]. 理论学刊，2007，161（7）：72-74.

[2] 邵玉姿，范昊天，谢卫群. "一网通""全天候"，办事不再难（大数据观察·聚焦电子政务）——看数字技术如何重构政务服务流程 [N/OL]. 人民日报，2018-05-23[2018-05-27].http：//paper.people.com.cn/rmrb/

html/2018-05/23/nbs.D110000renmrb_09.htm.

[3] 鲁玉玲. 学报编辑的创新思维管窥 [J/OL]. 山东省经济管理干部学院 学 报，2002，16（2）[2018-05-29].http：//www.cqvip.com/read/read.aspx?id=10503808.

[4] FRANZ A K，DANIELEWICZ M A，WONG D M，et al. Phenotypic screening with oleaginous microalgae reveals modulators of lipid productivity[J/OL].ACS Chemical Biology，2013，8：1053-1062[2014-06-26]. http：//pubs.acs.org/doi/ ipdf/10.1021/cb300573r.

五、专利文献著录格式

专利文献著录格式为：专利申请者或所有者. 专利题名：专利号 [文献标识类型 / 文献载体标识]. 公告日期或公开日期 [引用日期]. 获取和访问路径. 数字对象唯一标识符 .

举例如下：

[1] 朱光. 一种用于游泳的机械变速巡游装备：CN207157461U[P]. 2018-03-30.

[2] A· 亚库宁，A· 库什努特诺瓦，J· 陈洲，R· 马哈德文 . 用于由羧酸合成聚合物前体的过程和微生物：CN107849521A[P/OL].2018-03-27[2018-05-27].http：//www.vipzhuanli.com/patent/201680042118.8/.

六、电子资源著录格式

电子资源著录项目主要包括：主要责任者、题名项、出版项、获取和访问路径、数字对象唯一标识符。

电子资源著录格式为：主要责任者 . 题名：其他题名信息 [文献标识类型 / 文献载体标识]. 出版地：出版者，出版年：引文页码（更新或修改日期）[引用日期]. 获取和访问路径 . 数字对象唯一标识符 .

举例如下：

[1] 金准人工智能 . 用云量与数字经济发展报告 [R/OL].2018-05-27[2015-05-28].https：//item.btime.com/41ogc0lnnn49sv9p71fgvcoomjs.

[2] 国务院办公厅 . 国务院办公厅关于 2018 年部分节假日安排的通知：国办发明电〔2017〕12 号 [A/OL].（2017-11-30）[2018-05-11].http：//www.gov.cn/zhengce/content/2017-11/30/content_5243579.htm.

七、参考文献著录时两个需要注意的问题

（一）著录用文字

著录参考文献时，原则上要使用信息资源本身的语种进行著录，一般不能更改语种。如果确实有必要，可以用双语对文献进行著录。如果使用双语对参考文献进行著录，要先用信息资源的原语种进行著录，然后再使用其他语种著录。

举例如下：用原语种进行著录

[1] 鲁玉玲 . 微信公众号的传播和营销策略——以"十点读书"为例 [J]. 青年记者，2018，（5 月下）：106-107.

[2] 张景中 . 数学家的眼光——张景中院士献给中学生的礼物 [M]. 北京：中国少年儿童出版社，2011：23.

[3] F Scott Fitzgerald.Great Gatsby[M].Landon：Everyman's Library，1991：154.

用中英两种语种对参考文献进行著录：

鲁玉玲 . 专业出版领域知识服务平台内容资源基础的构建 [J]. 编辑之友，2018（5）：33-37.

LU Yu-ling.Resources Foundation for Construction of Knowledge Service Product Platform in Professional Publication Field[J].Editional Friend，2018（5）：33-37.

（二）著录数字时应注意的问题

著录数字时，应该保持信息资源原有的形式。可是，连续出版物的卷期号、页码、出版年、版次、引用日期等用阿拉伯数字来表示。

另外，还有有关著录用符号的使用问题，新规范中有非常明确的解释和说明，使用过程中遇到不明白的问题，可查阅新规范予以解决。

八、参考文献著录中的一些细则

（一）有关主要责任者和其他责任者的问题

1. 个人著者的书写规则。个人著者，采取姓在前面名在后面的方式。西方著者的名字可以用缩写字母，缩写名后省略缩写点。西方著者的中译名只书写其姓；西方著者，如果他们的姓相同名字不同，那么，他们的中译名则既要书写他们的姓，还要书写他们名字的第一个字母。如果名字书写使用的是拼音，那么，姓要采取全拼的方式，名字可以采取缩写的方式，取名字当中每个汉字的第一个字母。举例如下：（1）司马迁（原文献中为：[汉] 司马迁）；（2）安徒生（原文献为：汉斯·克里斯蒂安·安徒生）；（3）奥斯汀（原文献为：简·奥斯汀）；（4）奥斯汀 J，奥斯汀 S（原文献为：J. 奥斯汀，S. 奥斯汀）；（5）AUSTIN S（原文献为：Steve Austin）；（6）LU Yuling（原文献为：LU Yuling）；（7）LU Y L（原文献为 LU Yuling）。

2. 假如一个著作的责任者没有超过三个，则三个全部写上；假如超过了三个，那么只书写前三个即可，然后再在他们的名字后面加上"，等"。举例如下：（1）陶喜红，王灿发（原文献为：陶喜红，王灿发）；（2）李延勇，丁天起，赵媚（原文献为：李延勇，丁天起，赵媚）；（3）赵逸智，李淑杰，苏云，等（原文献为：赵逸智，李淑杰，苏云，李萍）。

3. 如果文献没有责任者或者不了解责任者的情况，那么，"主要责任者"只要书写为"佚名"即可。

4. 所有对文献负责的机关团体名称，一般依据著录信息源著录。机关团体名称应该由上到下分级著录，上下级之间用"."隔开，用汉字书写的机关团体名称除外。举例如下：（1）中华全国妇女联合会妇女研究所；（2）山东社会科学院；（3）Shandong　Women's Unversity；（4）Shandong Women's Unversity.Institute of cultural transmission。

（二）题名著录中需要注意的一些问题

题名包括书名、期刊名、报纸名、专利题名等。题名按照著录信息源所记录的内容进行著录。举例如下：（1）中国编辑史；（2）论新闻道德价值观的确立及其道德责任；（3）中国新闻出版报；（4）一种便于编辑者使用的可调节书立；（5）山东女子学院学报；（6）Science。

同一责任者的多个合订题名，著录前三个即可。对不同责任者的多个合订题名，则只著录第一个或处于显要位置的那个。在参考文献中不著录并列题名。举例如下：（1）共产党宣言；黑格尔法哲学批判；资本论（原题：共产党宣言 黑格尔法哲学批判 资本论 马克思著）；（2）大趋势（原题：大趋势　Megatrends）。

（三）有关版本著录的问题

标准要求，第 1 版不著录，其他版本信息应该著录。版本使用阿拉伯数字、序数缩写形式或其他标识表示。古籍版本可使用"抄本""刻本"等著录。举例如下：（1）2 版（原文献为：第二版）；（2）新 1 版（原文献为：新 1 版）；（3）清刻本（原文献为：清刻本）；（4）2nd ed.（原文献为：Second edition）；（5）Rev.ed.（原文献为：Revised edition）。

（四）关于出版项著录中的问题

出版项应该根据出版地、出版者、出版年的顺序进行著录。例如：（1）济南：山东人民出版社，2018；（2）New York：Basic Books，Ins.，1998。

1.出版地。如果文献中有多个出版地，那么，只著录第一个或处于重要位置的出版地即可，例如：上海：百家出版社，1997（原文献为：百家出版社 上海 南京 1997）。如果文献没有出版地，那么中文文献著录为"出版地不详"，外文文献著录为"S.l."，并放至 [] 内。没有出版地的电子资源则可以省略这一项。举例如下：（1）[出版地不详]：三户图书刊行社，1989；（2）[S.l.]：MacMillan，1965。

2.出版者。出版者应该按照著录信息源所载的形式进行著录，也可以根据国际公认的简化形式或缩写形式进行著录。举例如下：（1）人民出版社（原文献为：人民出版社）；（2）IRRI（原文献为：Internaational Rice Research Institute）。文献中如果载有多个出版者，那么只著录第一个或处于重要位置的那个出版者即可。没有出版者的中文文献著录为"出版者不详"，外文文献著录为"s.n."，并将其放到方括号内。没有出版者的电子资源这一项可以省略。

3.出版日期。出版日期标注时，出版年采用公元纪年，并使用阿拉伯数字著录。如果有其他纪年形式时，将原有的纪年形式置于"（）"内。例如：
（1）1953（民国四十二年）；（2）1701（康熙四十年）。

报纸的出版日期根据"YYYY-MM-DD"格式，用阿拉伯数字书写。例如：1997-12-30。

当出版年没有办法确定时，可以按照版权年、印刷年、估计的出版年的顺序选用。估计的出版年应该放到［］内。例如：c2008；2013印刷；[2001]。

4.公告日期、更新日期、引用日期。专利的公告日期或公开日期根据"YYYY-MM-DD"格式，用阿拉伯数字书写。电子资源的更新或修改日期、引用日期"YYYY-MM-DD"格式，用阿拉伯数字书写。例如：（1998-12-23）[1999-01-31]。

（五）有关页码的著录问题

一般来说，对参考文献中的页码应该采用阿拉伯数字来书写，但引自序言或扉页题词的页码，可按照实际情况著录。举例如下：

[1] 张景中.数学家的眼光——张景中院士献给中学生的礼物 [M].北京：中国少年儿童出版社，2011：23.

[2] 山东省报刊协会，山东省期刊协会，山东省书刊发行业协会.新探索——新闻与出版论文集 [M].济南：山东人名出版社，2006：前言.

[3] 张景中.数学家的眼光——张景中院士献给中学生的礼物 [M].北京：中国少年儿童出版社，2011：扉页.

（六）获取和访问路径的有关问题

根据电子资源在互联网上的实际情况，著录其获取和访问路径。例如：

梁根林.《刑法》第 133 条之一第 2 款的法教义学分析——兼与张明楷教授、冯军教授商榷 [J].法学，2015（3）：53-63[2018-01-23].https：//max.

book118.com/html/2015/0618/19305995.shtm.

（七）数字对象唯一标识符的有关问题

如果在获取和访问路径中不含数字对象唯一标识符，那么，我们可以按照原文如实著录数字对象唯一标识符，否则，可以省略数字对象唯一标识符。例如：

陈志文 . 新媒体视域下我国出版物标识的分析与启示 [J/OL]. 科技与出 版，2014（07）：109-112[2018-05-11].http：//mall.cnki.net/magazine/Article/KJYU201407034.htm.DOI：10.16510/j.cnki.kjycb.2014.07.035.

（该文献的唯一标识符为：DOI：10.16510/j.cnki.kjycb.2014.07.035）

第五章　实用编校知识大全

第一节　编辑常用工具书

一、编校工作的常用标准和规范

编校工作中的常用标准和规范主要收录在《作者编辑常用标准及规范》（第三版）中，由中国标准出版社于 2015 年出版。该书收录了主要的出版标准及规范性文件：

《出版物上数字用法》（GB/T 15835—2011）

《中文书刊名称汉语拼音拼写法》（GB/T 3259—1992）

《汉语拼音正词法基本规则》（GB/T 16159—2012）

《标点符号用法》（GB/T 15834—2011）

《信息与文献 参考文献著录规则》（GB/T 7714—2015）

《中国标准书号》（GB/T 5795—2006）

《图书和杂志开本及其幅面尺寸》（GB/T 788—1999）

《图书书名页》（GB/T 12450—2001）

《图书在版编目数据》（GB/T 12451—2001）

《国际单位制及应用》（GB 3100—1993）

《有关量、单位和符号的一般原则》（GB 3101—1993）

《公开版地图质量评定标准》（GB/T 19996—2005）

《学术出版规范 一般要求》（CY/T 118—2015）

《中文出版物夹用英文的编辑规范》（CY/T 154—2017）

二、编辑通用工具书

编辑通用的工具书主要推荐以下一些书目：

《通用规范汉字字典》，王宁主编，由商务印书馆于 2013 年出版。

《现代汉语词典》（第七版），中国社会科学院语言研究所词典编辑室，由商务印书馆于 2016 年 9 月出版。

《古代汉语词典》（第二版），商务印书馆辞书研究中心修订，由商务印书馆于 2014 年出版。

《辞海》（第六版），夏征农、陈至立主编，由上海辞书出版社于 2009 年 9 月出版。

《汉语大字典》（第二版），由四川辞书出版社、崇文书局于 2011 年出版。《汉语大字典》基本收齐了各种生僻字，是目前出版的规模最大的汉语字典。

《汉语大词典》，罗竹风主编，由上海辞书出版社于 2011 年出版。《汉语大词典》可谓当今规模最大的汉语语文工具书。

《新华成语大词典》，由商务印书馆辞书研究中心和商务印书馆于 2013 年 1 月出版。

《王力古汉语字典》，王力主编，由中华书局于 2015 年重印。

三、编辑常用的专业类工具书

编辑常用的专业类工具书推荐如下书目：

《牛津高阶英汉双解词典》（第八版），霍恩比著，赵翠莲等译，由商务印书馆于 2014 年 6 月出版。

《英语姓名译名手册》（第四版），新华通讯社译名社编，由商务印书馆于 2013 年 9 月出版。

《中国历史大辞典》，由上海辞书出版社于 2010 年出版。

《中国历代职官别名大辞典》，龚延明主编，由上海辞书出版社于 2006 年出版。

《中国历代人名大辞典》，张㧑之、沈起炜、刘德重等主编，由上海古籍出版社于 1999 年 12 月出版。

《外国地名译名手册》，中国地名委员会编，由商务印书馆于 2003 年 7 月出版。

《中国古籍总目》，中国古籍总目编纂委员会编，由中华书局于 2012 年 7 月出版。

《化工辞典》（第五版），姚虎卿主编，由化学工业出版社于 2014 年 5 月出版。

《中华人民共和国药典》，国家药典委员会编，由中国医药科技出版社于 2015 年出版。

四、编辑用参考书

编辑用参考书主要推荐出版业务参考书和文史类参考书。

（一）出版业务参考书

出版业务参考书推荐以下书目：

《<标点符号用法>解读》，教育部语言文字信息管理司编，由语文出版社于 2012 年出版。

《<出版物上数字用法>解读》，教育部语言文字信息管理司组编，由语文出版社于 2012 年出版。

《<汉语拼音正词法基本规则>解读》，教育部语言文学信息管理司编，由语文出版社于 2013 年出版。

《<标点符号用法>解读》《<出版物上数字用法>解读》《<汉语拼音正词法基本规则>解读》，这三本书是标准制定者解读标准的图书，其中还添加了不少标准中没有涉及的问题，非常值得参阅。

《出版专业基础知识（初级）》《出版专业理论与实务（初级）》，原国家新闻出版广电总局出版专业资格考试办公室编，由崇文书局于 2015 年 6 月出版。

《出版专业基础知识（中级）》《出版专业理论与实务（中级）》，原国家新闻出版广电总局出版专业资格考试办公室编，由商务印书馆于 2015 年 6 月出版。

《出版专业基础知识（初级）》《出版专业理论与实务（初级）》《出版专业基础知识（中级）》《出版专业理论与实务（中级）》，这四本书是出版专业资格考试用书，里面涉及很多出版行业约定俗成的要求和规范。

《图书编辑校对实用手册》（第四版），黎洪波、利来友主编，由广西师范大学出版社于 2016 年 9 月出版。《图书编辑校对实用手册》（第四版）的内容比较系统且全面，很适合新编辑使用。

《科学出版社作者编辑手册》，汪继祥主编，由科学出版社于 2016 年 7 月出版。这个手册适合科技类编辑使用，能够解决科技类编辑编校过程中遇到的大多数问题。

《现代校对实用手册》，杜维东、杜悦、冯凌主编，由金城出版社于 2016 年 9 月出版。《现代校对实用手册》非常契合编辑校对实务，具有很好的实用价值。

《音乐曲谱出版规范》，由人民音乐出版社于 2015 年 10 月出版。《音乐曲谱出版规范》是音乐编辑必备的工具书。

需要说明的是，编辑手册类参考书很多，我们可以根据专业挑选合适的。

（二）文史类参考书

文史类参考书推荐以下书目：

《中国近代史词典》，陈旭麓等主编，由上海辞书出版社于 1982 年出版。

《清人室名别称字号索引增补》，杨廷福、杨同甫主编，由上海古籍出版社于 2001 年出版。

《明人室名别称字号索引》，杨廷福主编，由上海古籍出版社于 2002 年出版。

《中国古代文学家字号室名别称词典》，张福庆主编，由华文出版社于 2001 年出版。

《世界近代史词典》，光仁洪主编，由上海辞书出版社于 1998 年出版。

《简明中国历代职官辞典》（增订版），沈起炜、徐光烈主编，由上海辞书出版社于 2014 年出版。

《中外历史年表》（校订本），翦伯赞主编，由中华书局于 2008 年出版。

《近代中国史事日志》，郭廷以编著，由中华书局于 1987 年出版。

五、数据库

数据库主要推荐以下一些：

读秀（付费），www.duxiu.com/login.jsp，读秀的知识搜索功能异常强大。

国家图书馆六个数据库（免费）。包括三个古籍分析系统和三个民国资源库。

三个古籍分析系统（http：//dportal.nlc.cn：8332/zylb/zylb.htm）分别为：全宋诗分析系统，由 254240 多首宋诗组成；全唐诗分析系统，由 57000 多首唐诗组成；二十五史研习系统，是一套辅助对中国古代文学、中国古代史学习与研究的工具软件。

三个民国资源库指以下三个资源库：民国图书资源库，http：//mylib.nlc.cn/web/guest/minguotushu； 民 国 期 刊 资 源 库，http：//mylib.nlc.cn/web/guest/minguoqikan；民国报纸资源库，http：//mylib.nlc.cn/web/guest/minguobaozhi。

北大法宝（付费），http：//www.pkulaw.cn/，北大法宝主要检索法律法规，为法律专业编辑必备数据库。

中华数字书苑（付费），http：//www.apabi.com/ruc/?pid=dlib.index&cult=CN。中华数字书苑是全球最大的正版华文数字资源在线服务平台。

六、网站

主要推荐以下一些网站：

语料库在线（教育部语言文字应用研究所），http：//www.cncorpus.org/

index.aspx。

术语在线（理工科，全国科学技术名词审定委员会），http：//www.termonline.cn/index.htm。

国学大师（经史子集、诗词、中医药典籍），http：//www.guoxuedashi.com/。

搜韵——诗词门户网站（诗词检索），http：//sou-yun.com/。

汉典（免费在线辞典），http：//www.zdic.net/。

中国植物志，http：//frps.eflora.cn/。

国家测绘地理信息局标准地图服务，http：//bzdt.nasg.gov.cn/。

维基百科英文版，https：//en.wikipedia.org/wiki/Main_Page。

老资料网，http：//www.laoziliao.net/rmrb/。该网站可查《人民日报》1946年5月15日—2003年12月31日、《参考消息》1957年3月1日—2002年12月31日的内容。

需要注意的是，编辑在核查引文的时候，如果在数据库中找不到相关图书，还可以在百度网盘、微盘中查找，主要搜索引擎有：西林街、盘多多、盘搜搜、胖次、鸠摩搜书、云铺子等。

第二节　新《标点符号用法》使用中应注意的地方

新《标点符号用法》于2011年发布。标点符号都有其常规用法，但编辑和写作过程中，我们会遇到相对比较复杂的情况，这些情况无法套用常规情况下对标点符号的使用方法。笔者结合多年编辑工作，对照《标点符号用法》，认为在使用新《标点符号用法》时，有以下一些问题需要我们注意。

一、反问句末尾的标点符号使用问题

反问句的末尾一般情况下要使用问号，但是，如果句子要表达的语气特别强烈，那么，就可以使用感叹号，也可以将问号与感叹号联合起来使用。比方说：

（1）他怎么能这样？

（2）他怎么能这样！

（3）他怎么只能这样？！

也有人认为，当反问句的语气相对婉转时，文末也可以使用句号。笔者认为不宜这样。因为如果这样使用，它和陈述句在形式上就没有什么不同了，这样就无法分辨出反问句的语气。另外，如果在反问句的文末同时使用问号和感叹号，两个标点符号只能占一个字的空间。

二、有关序次语的使用问题

我们比较常见的序次语主要是"一""二""三"……"第一""第二""第三"……"首先""其次""再次""最后"等。在使用序次语的过程中需要特别注意的是，"首先""其次""再次""最后"不要和"第一""第二""第三"……混合使用。比方说，"首先……，其次……，第三……"这种说法是不合适的。

有关序次语层次顺序，新标准的规定如下：

一、……

（一）……

1.……

（1）……

1）……

如果觉得叙述的问题比较小，占用不了这么多层次，那么就可以跳层次使用，直接出现后面的序次语。但需要特别注意的是，序次语的层次绝对不能逆向出现。

三、并列的引号、书名号使用过程中应该注意的问题

某文章中有这样一段话："这个小小的三年级的学生有一个大大的书架，书架上摆满了各种各样的图书，甚至连《数学家的眼光》、《时间简史》、《果壳中的宇宙》等都赫然在列。"其中并列的书名号间加顿号的做法是不妥当的。

一般来说，引号、书名号并列使用的时候，它们之间不用顿号。例如：

（1）这种"大锅饭""平均主义"的状况必须要改变。

（2）《三国演义》《红楼梦》《西游记》《水浒》这四大名著她在小学的时候就读过了。

《标点符号用法》规定：如果标有引号和书名号的各成分之间是并列关系，那么它们之间通常不用顿号。但当引号和书名号后有括注时，则需要加上顿号。另外，如果并列的引号、书名号间，有的后面有括注，有的没有括注，这时并列的各项间都应该加顿号。例如：

（3）现代著名作家巴金的激流三部曲指的是他的《家》《春》《秋》。

（4）李老师这学期要上三门课："会计基础""中级财务会计""成本管理会计"。

（5）今年学报编辑部订了《参考消息》（山东版）、《中国妇女报》和《齐

鲁晚报》三份报纸。

（6）李老师这学期要上三门课："会计基础"（为大一学生开设）、"中级财务会计"和"成本管理会计"。

另外，在标有书名号的并列成分之间如果有"和""与"等连词成分，也应该加顿号。例如：

（7）《三国演义》、《红楼梦》、《西游记》和《水浒》这四大名著她在小学的时候就读过了。

这样标引能够让我们一眼就看出《三国演义》《红楼梦》《西游记》《水浒》这四本书之间是并列关系，而不会将"和"前的《三国演义》《红楼梦》《西游记》看成一部分，将它们与"和"后的《水浒》分割开来。

四、用来替代汉字的代字号"×"不应该写成英文字母"x"或者乘号"×"

有一个书稿中有这样一段话："为了显示自己强大的社交能力和在娱乐圈的影响力，她逢人就会说和大导演xxx很熟。"其中的"x"是英文字母，应当改为代字号"×"。

代字号有多种形式，"×"是代字号中的一种。除此之外，还有"～""○""|""□"等。

代字号一般用来代替不定指的字。例如：

（1）凡称 ×× 级学生，即指 ×× 年入学的新生。

（2）写作参考题目：《我的老师 ×××》《难忘的 ××》。

代字号有的时候也可用来替代不便说出的字和词。比如：

（3）孙 × × 跟王 × × 那个时间都在凶杀现场。

（4）王小二喊道："妈的 ×，真没想到关键的时候他就缩回去了！"

例（3）中的两个人的名字都不方便说出来，所以用了代字号；例（4）中骂人的话因为不文明，不便直接写出来，也用了代字号来表示。

五、括注的简称需要加引号

例如：山东女子学院学报编辑部（以下简称编辑部）共有七人。在这句话中括注的"简称编辑部"中，应当在"编辑部"上加引号，写成：

山东女子学院学报编辑部（以下简称"编辑部"）共有七人。

有时候，全称如果带有书名号，在括注说明简称的时候，只需要给简称加上书名号就可以了，没有必要再加上引号。例如：《山东女子学院学报》（以下简称《学报》）……

六、提示语后有并列的情况出现时需要注意的问题

提示语后如果有并列的两种或两种以上的情况出现，则提示语后应该用冒号，例如：

（1）你的选择只能是：要么在这里等伯伯来接你，要么和姐姐一起去商场。

（2）学校对这个问题有三种意见：一种意见认为他的态度很好，可以不给他处分；另一种意见认为，如果不处分他，会在学校产生不好的影响，当然鉴于他的态度不错，可以从轻处分；还有一种意见认为由于他的行为已经产生了不好的后果，必须处分。

七、省略号单独居于一行时应该注意的问题

省略号单独居于一行的时候应当采用十二连点，也就是两个省略号连用，而不能用一个省略号。

举例如下：

（1）她得了乳腺癌后，情绪异常低落。丈夫为了鼓励她，特意请假陪她。
……

（2）他欢快地在田间小路上飞奔起来。
……

（1）（2）两个例子中都各有两段话，第二段都用了一个省略号，根据规范要求，这里用一个省略号是不对的，应该两个省略号连用，即用十二连点。两个省略号连用，要传递的信息是：此处省略的不是词语，也不是句子，而是段落。因此，上边两个例子应该改为：

她得了乳腺癌后，情绪异常低落。丈夫为了鼓励她，特意请假陪她。
…………

他欢快地在田间小路上飞奔起来。
…………

相关规范要求，在表示诗行和段落省略的时候，要两个省略号连用，也就是要使用十二连点。比方说：

（3）王老师深情地读起来：

独在异乡为异客，每逢佳节倍思亲
…………

（4）他长期在农村工作，非常了解农民的诉求，所以，到了领导岗位上

后，在制定政策和做相关决策的时候，他都会充分考虑农民的意愿，尽可能在政策和规定方面向农民倾斜。

…………

如果省略号在引号内单独出现在一行时也应该两个省略号连用，即书写为"…………"，原因和没有引号时两个省略号连用相同。例如：

（5）"这个孩子为什么一个人在这么寒冷的天气里走在这空旷的大街上呢？"

"…………"

另外，还需要特别注意的是，两个省略号连用时，中间是连续的，不可分开使用。

同时，我们也可以在省略号的前后，根据需要使用其他标点符号。例如：

（6）好可爱的小狗呀！……

（7）他哪能不高兴？……

（8）他的条件是……？

（9）发生这样的事情实在太……！

（10）去县城有两种方式：一种是骑自行车，一种是坐公交车。……

（11）西边大路附近有山体公园和人工湖……。每天晚上，我们都会到那里去散步。

例（6）～（9）有感叹、反问、疑问等特殊语气。例（10）的省略号前有句号，这样我们就很容易看出"坐公交车"是句子结束之处。例（11）省略号后有句号，能够传递出"每天晚上……"是另外一句话这样的信息。

八、标示时间、地点起止时使用标点符号应该注意的问题

标示时间、地点起止时，应该用一字线，标示数量范围时，宜用浪纹线，例如：

（1）毛泽东（1893—1976）

（2）济南—上海旅客快车

（3）100 ～ 200 吨

（4）10 ～ 30 厘米

（5）1000 ～ 1100 千克

九、同一句中，不应该套用冒号

同一句中，不应该套用冒号，例如，不应该写："快下课的时候，老师宣布：今后放学的时候要注意：第一，要排队出门；第二，行走过程中，不要互相推搡。"

这个句子可以这样写："快下课的时候，老师宣布，今后放学的时候要注意：第一，要排队出门；第二，行走过程中，不要互相推搡。"

在列举式或条文式公文中，不得不套用冒号的时候，应当分行来写。例如：

遗产的继承顺序为：

第一顺序人：配偶、子女、父母。

第二顺序人：兄弟姐妹、祖父母、外祖父母。

另外，应当特别注意的是，句内出现引号时，一般情况下要把句号放在后引号之后。

例如：王凯一直认为自己的决定是对的，"不这样做根本完不成任务"。

这样标注的原因是：句号是这句话结束的标志，而不是引文结束的标志。

十、"说"后用冒号和用逗号情况不同

先看例子：

（1）她笑着对记者说，"现在的生活真是太好了。"

在这个例子中，"说"后适宜用冒号或将句末的句号放在引号之后。

如果句子中的"说"是插入性的，"说"的后面更适合用逗号。举例如下：

（2）"王小二昨天去世了。"哥哥说，"我们都没有想到。"

（3）"王小二昨天去世了，"哥哥说，"我们都没有想到。"

这里的"哥哥说"是插在同一个人说的话当中的，主要用来指明说话人。这时，"哥哥说"后面不适合用冒号。如果用冒号，则只能说明"哥哥说"后面的话语是"哥哥"说的，而不能说明"哥哥说"前面的话语是哪个人说的。

这种插入性的"某某说"前面的话语，既可以是半句话，也可以是一句话。是半句话的时候，一般应该用逗号。例如（2）；是一句的时候，则适合用句号，如（1）。

"某某说"前面的话语中，还可以使用问号或叹号。例如：

（4）"王小二去世了？"哥哥问，"什么时候的事情？"

（5）"王小二去世了！"哥哥说，"我们怎么能想到？"

十一、表示定指的两个连用数字之间适宜加顿号

在定指的两个连用数字之间应该加顿号，例如：

（1）山东省教育厅出台政策，要求全省范围内的一二年级小学生不留书写的家庭作业。

例（1）中的"一二"间应该加顿号。

按照《出版物上数字用法》的要求，在两个数字连用表示概数的时候，这两个数字之间不用顿号，例如：四五十岁、二三十个、六七个晚上、六七十米等等。

但例（1）中的"一二年级"，是指"小学一年级和二年级"，是定指，所以中间应该加顿号，假如不加，就很容易被误解成是概数。概数和定数的意义就完全不同了。

十二、一些特殊情况中标点符号的用法举例

（一）"J·格林"宜写成"J．格林"

刊登在《理论学刊》上的一篇稿子中，有这样一句话："J·格林的观点是……"。其中的"J·格林"中间隔号用法不妥。

当外国人名中的外文缩写字母和中文译名一起用的时候，外文缩写字母后面一般不宜用间隔号，而应当使用下脚点。例如：E．格罗斯；D.H．罗纳尔多；罗伯特·A．洛维特。

这样使用的原因是，这里的下脚点可以用来表示前面的大写字母是缩写，而间隔号却只能用来表示关联成分之间的分界。所以，应该将"J·格林"写成"J．格林"。

（二）"文革""文化大革命"适宜加引号

某书稿中说："文革刚结束，他就离开中国到美国了。"其中的"文革"应该加引号。

"文革"是"文化大革命"的简称，应该加引号使用。而"文化大革命"并不是一场有关文化的"大革命"，而是一场早已被否定的错误的政治运动，因此其本身也应加引号，写成"文化大革命"。这是通行做法。另外，对"无产阶级文化大革命"，也应该加引号使用。

第三节　书名号使用大全

一、书名号的基本用法

书名号的基本用法如下：

第一，用以标示书名、篇名、刊物名、报纸名、文件名等。

第二，用以标示电影、电视、音乐、诗歌、雕塑等各类用文字、声音、图像等表现的作品的名称。

第三，用以标示作品名的简称。

以上列出的是书名号的基本用法，可是我们在实践中遇到的问题却不会这么简单，所以需要特别注意。

二、书名号用法疑难问题

笔者将可能遇到的问题进行了归纳和总结，认为主要包括以下一些情况。

（一）丛书用引号，不用书名号，"丛书"二字是否在引号内，要看具体情况

"丛书"作为系列著作的选题名，一般应该用引号标引，而不是使用书

名号。如果原选题名包含"丛书"二字，则应放在引号内；如果"丛书"二字不属于原选题名的一部分，是临时指称的，就可以放在引号外。例如：

（1）"经典与解释丛书"

（2）"语言启蒙"丛书

（二）"指南""手册"等要放在书名号内

题名中有"指南""手册"时，要将它们放在书名号里边。例如：

（1）《动物行为指南》

（2）《物联网安全白皮书》

（3）《医疗卫生手册》

（三）电视、广播、报刊等的栏目和节目名称应当使用书名号

为了清楚地表示节目、栏目的名字，避免与普通名词混同，应当对其使用书名号。例如：

（1）《山东女子学院学报》开设有《性别平等理论研究》《女性与社会发展研究》《女性文化研究》《女性文学研究》《女性教育研究》《妇女史研究》等栏目。

（2）这个报纸新添加了《女性与法律》栏目。

（3）这个孩子特别喜欢看中央电视台科教频道的《走近科学》栏目。

（4）中央十台的科教频道开设有《走近科学》《我爱发明》等为广大观众喜闻乐见的栏目。

报刊名和专刊名等一起使用时，中间用间隔号，二者之外加书名号。

例如：《山东女子学院学报·学术视野》

（四）报社、杂志社名视具体情况确定用不用书名号

在提到报刊出版单位的名称时，为了明确报刊的名称，通常会在报刊的

名称上加书名号。例如：

（1）《山东青年报》社；《青年文摘》杂志社；《山东女子学院学报》编辑部

在不产生混淆的情况下，可省去书名号。例如：

（2）大众日报、齐鲁晚报和济南日报的记者都随同代表团前往临沂进行了采访。

（五）中文行文中出现英文书名、报刊名称时用斜体，不用加标点

英文没有书名号，书名和报刊名称直接以斜体字来表示。例如：

（1）*The Red and the Black*（《红与黑》）。

但是，中文行文中出现英语文章的篇名时要用双引号标引，用正体。例如：

（2）他那篇"My Family"在刊物上发表后，引起了轰动。

也就是说，书名要用斜体，不加标点，而文章名要用正体，加引号。

（六）文章中括注引用内容的出处时标点符号的标引

括注引用内容的出处时，篇名和书刊名都要使用书名号。例如：

我国首次承诺"男女平等作为我国社会发展的一项基本国策"。（《在联合国第四次世界妇女大会欢迎仪式上江泽民主席的讲话》，《中国妇运》1995年第11期）

（七）报刊、文件中的部分用引号

报刊、文件名用书名号，但其中的部分用引号。图书章节名也是如此。例如：

（1）李丹老师发表在《山东女子学院学报》的文章对我启发很大，尤其是其中"中国新时期妇女参政：绩效分析"部分，更是让我茅塞顿开。

再如：

（2）《老人与海》分"老人与孩子""出海""远航""飞鸟与鱼""相遇""较量""捕获""返航""鲨鱼""战斗""回家"等 11 章内容。

（八）版本说明在书名号外

不同版本的说明，如书的"修订本"、刊物的"合订本"、报纸的"山东版""河南版"等，可以不看作书报名本身。行文中称述这类说明的书报时，一般将括注放在书名号的外面。而"草案""征求意见稿"等等，则应该加括号放在书名号之内。例如：

（1）《老人与海》（彩绘本）；《傲慢与偏见》（中文版）；《傲慢与偏见》（英文版）；《英汉双语词典》（缩印本）；《动物世界》（多卷本）；《山东女子学院学报》（2017 年合订本）；《参考消息》（山东版）

但这类版本说明有时也不用括号，直接跟在书名号后；特别是在括注中，因为已经有括号，所以版本说明的括号可以省去。例如：

（2）他刚刚买了一本《现代汉语词典》2002 年增补本；《参考消息》山东版 2003 年 3 月 10 日第 1 版。

（九）序用书名号的表示

当只表示某篇文章的序，而不包括文章正文时，序在书名号内，举例如下。

（1）《＜十万个为什么＞序》

当文章正文和序同时出现时，则用如下方式表示，此条多适用于古文。例如：

（2）《琵琶行（并序）》

（十）书名与篇名连用时都在书名号内，中间加间隔号

当书名与该书中的篇名连用的时候，先写书名，然后再写篇名，中间用间隔号隔开，最后加上书名号。例如：

《史记森林报·森林里派来的第五个电报》

（十一）引号和书名号在"题为……""以……为题"格式中使用时的区别

"题为……""以……为题"中的"题"应根据其类别分别按书名号和引号的用法处理。例如：

（1）习近平主席在世界经济论坛 2017 年年会开幕式上发表了题为《共担时代责任 共促全球发展》的主旨演讲。

（2）题为《试论中国特色社会主义制度下党政资源的整合》的文章，发表在《理论学刊》2007 年第 7 期上。

（3）"我的理想"这样的题目，一般学生都会写过。

（4）周六下午，一个以"我的资本我做主"为题的有关资本的管理活动将在山东女子学院操场的大槐树下举行，主讲老师是山东大学的博士生导师刘文。

（十二）不能滥用书名号

不能视为作品的课程、课题、奖品奖状、商标、证照、组织机构、会议、活动等名称，不应当用书名号。错误例子如：

（1）这学期我们要开设《电子商务》课。

（2）《苹果》牌手机很不错。

（3）《山东女子学院学报编辑部》编辑力量比较雄厚。

（4）我校刚刚召开了《国际女性研讨会》。

（十三）要根据意义选择是否使用书名号

比如文艺晚会指一项活动时，不用书名号；特指某一种节目名称时，则要用书名号。例如：

（1）2017 年新春联欢晚会受到全国广大观众的称赞。

（2）中央二台要重播《2017 年新春联欢晚会》。

（十四）书名、篇名末尾的叹号或问号，应放在书名号里边

书名、篇名末尾的叹号或问号，应放在书名号里边。例如：

（1）《这个孩子何罪之有！》

（2）《如何做到男女平等？》

第四节　易错标点大汇总

一、句号

1. 在段首相当于小标题的词语后面一般需要使用句号。

例如：编辑工作的内容主要包括：

第一，选题。……

第二，组稿。……

第三，审读。……

第四，加工。……

第五，校对。……

2. 在图注、表注的末尾一般不加句号。

3. 如果图表的说明文字在图表的上方，则说明文字一般不加句号；如果图表的说明文字在图表的下方，那么，说明文字末尾就需要加句号。

例如：经过文明城市创建工作期间的努力，济南市的容市貌发生了非常大的变化。这是市中区阳光舜城小区一景（下面排的是照片）

二、问号

1. 问号叠用应该按照先单用，再叠用的原则，叠用的问号数目一般不能超过 3 个。不能在没有使用单个问号的情况下，直接叠用问号。而且，还要注意：如果两个问号叠用，只能占一个字的位置，而三个问号叠用时占两个字的位置。

例如：这是为什么？这到底是为什么？？

2. 在有称呼语的句子里，问号不宜紧跟问话，而应该放在称呼语后边。

例如：小王今天到底怎么了，张晓芳？

三、感叹号

1. 如果需要表达的反问语气强烈，可以用感叹号来代替问号。

例如：王丽那样一个人，怎么会轻易放弃！

2. 感叹号的叠加使用与问号叠加使用不同。下列两种情况可以叠加。

第一，表示声音特别大或声音不断加大的时候，可叠加使用感叹号。

比如：哇！！！大家一起大叫起来。

第二，表达强烈语气时，也可叠加使用感叹号。

比如：王强森怎么能够这样！！

第三，不能看见语气词，或者看到句子带感情就使用感叹号。

比如：他的故事呀！可真是永远也讲不完！第一个感叹号使用错误，应该将其改为逗号：他的故事呀，可真是永远也讲不完！

四、问号和感叹号的特殊用法

问号和感叹号除了和句号可以用来结束一个句子外，还能够表达出强烈的情感，因此常常会和其他表点符号连用。比如：

（1）他如此不讲理，也太……！

（2）他好像就没有看到到李院长问"这个事情为什么没有做成功？"时脸上奇怪的表情，只是双眼无神地盯着地面。

（3）王强森怎么能够这样？！

需要注意的是，问号和感叹号连用时占一个字的位置。

五、冒号

1.冒号提示总结的问题末尾只能用问号、句号、感叹号等结尾，不能使用逗号、分号。

比如：他很奇怪：这样的事情怎么会发生在自己身上呢？

2.一个句子中不能用冒号套冒号。这一点在前一节已经论及过，在这里仅举一例说明。

比如：周一开班会时，班主任强调：班里要严格两个进校制度：一是早晨八点以前到校，二是中午一点半以前到校。（第一个冒号应当改为逗号）

3.一般来说，冒号后面是句子，假如不是句子，那么列举的内容一定是几项并列的成分。

比如：老师让写形容词的时候，他因为没有理解透什么是形容词，一个也没有写出来，经过老师点拨，很快就写出了五个：高兴、悲伤、快乐、温暖、可爱。

六、括号

括号有几种：小括号（）；中括号[]；六角符号〔〕；方头括号【】。

不同的括号用法不同，各有其自己的使用范围。因为小括号的使用比较常见，此处略去不谈，只谈余下的三种。

1.方括号[]用于标明作者国籍或所属朝代

例如：[美]马克·吐温的《汤姆·索亚历险记》

2.方头括号【】用于以下两种情况

第一，在报刊中，用以标明电讯、报道的开头。

比如：【新华社山东消息】

第二，用以标明被注释的词语。

比如：【莫言】山东高密人，中国作家协会副主席，2012年诺贝尔文学奖获得者。

3.六角符号〔〕用于以下三种情况

第一，用以标明作者的国籍或所属的朝代，这个用法与方括号的一样。

第二，用以标明被注释的词语，这个用法和方头括号一样。

第三，用以标明公文发文字号中的发文年份。

比如：山东女子学院〔2018〕1号文件

在实际编辑工作中，需要注意以下几点：

第一，为排版美观、方便阅读等需要，或为避免某一小节最后一个汉字转行或出现在另外一页的开头等情况，可适当压缩标点符号所占用的空间。

第二，有些标点不能居于一行的开头或一行的末尾，这样的要求不仅适用于横排的稿件，也同样适用于竖排的稿件。

第三，一般来说，在稿件的标题末尾不使用标点符号，但有时候也可根据需要使用问号、感叹号、省略号等标点符号。

第五节　易错字大汇总

1."安装"是正确写法，不能错写成"按装"。

2."安详"是正确写法，不能错写为"安祥"。

3."艾滋病"是正确写法，不能写为"爱滋病"。

4."黯然"是正确写法，不能写成"暗然"。

5."按部就班"是正确写法，不能写成"按步就班"。

6."抱怨"是正确写法，不能写为"报怨"。

7."报道"和"报导"两个词，推荐用"报道"。

8."爆发"和"暴发"。"爆发"多用于"火山爆发""情绪爆发""力量爆发"，表示因爆炸而发生，或用于抽象事物的突然发生；"暴发"多用于"山洪暴发""疾病暴发""暴发户"等。

9."辩"和"辨"。和辩论等有关的，用"辩"，如"辩护""辩论"；和区别、辨别有关的，用"辨"，如"分辨率"。

10."表率"和"表帅"，推荐使用前者。

11."部署"是正确用法，不能错写成"布署"。

12."备加"和"倍加"都可以用，两者的区别是所表示的程度不一样。

"倍"指加倍，如"倍加努力"；"备"则表示完全，如"备加青睐"。

13．"拨"和"拔"。连个字字形相近，意思不同，但很容易写错。例如"拨款"不能误写为"拔款"。

14．"完璧归赵"是正确用法，不能错写为"完壁归赵"。

15．"淡泊名利"是正确写法，不可错写为"淡薄名利"。

16．"博弈"是正确写法，不能错写为"搏弈"。

17．"长年累月"是正确用法，不能错写为"常年累月"。

18．"彩"和"采"比较容易混淆使用。彩用在"精彩""剪彩""彩排"等词语中；在"神采""兴高采烈"中用"采"。

19．"人才"是正确用法，不能写为"人材"。

20．"成规"和"陈规"的意思不同，"成规"是现成的规矩；而"陈规"则指老规矩，如"陈规陋习"，含贬义。

21．"不耻"和"不齿"的用法不同。"不耻"指的是把什么作为可耻的事情，比如"不耻下问"；而"不齿"则是指羞与为伍，比如"人所不齿"。

22．"侦察"和"侦查"的用法不同。"侦察"常用于军事；而"侦查"则常用于公安、检察、司法等部门。

23．"度"和"渡"。"度"用于和时间有关的句子中，比如："度过了一段美好的时光""欢度国庆"等；而"渡"用于和空间有关的句子中，例如："渡江""渡河"，也用于含有人为因素的句子中，比如"引渡回国"，还有"渡过难关""过渡时期"等也用"渡"。

24．"摄氏度"三个字不能分开使用。比如："10 摄氏度"，不能写成"摄氏 10 度"。

25．"迭"和"叠"。在"重叠"和"峰峦叠翠"中只能用"叠"，不能用

"迭"；而在"高潮迭起"中只能用"迭"，不能用"叠"。

26. 和汽车有关的"换挡""挂挡"等，只能用"挡"，不可换作"档"。

27. "第一""第二""第三"等只能用"一""二""三"等汉字，不能用阿拉伯数字，写成"第1""第2""第3"。

28. "偶尔"是正确写法，不可写为"偶而"。

29. "翻番"和"加倍"是完全不同的概念。"翻番"是两倍两倍地增加；而"加倍"只用来是表示某数的几倍。

30. "法人"指的并不是某个具体的人，不可把企业的总经理等"法人代表"当作"法人"，"法人代表"是"法人"的指定代表人。与"法人"相对的概念是"自然人"。

31. "蜂拥而至"是正确写法，不可写为"蜂涌而至"。

32. 关于"分"和"份"。在"犯罪分子""分内事""成分""分量""本分"等词中用"分"；而在"身份""月份""省份""年份"等词中用"份"。

33. "扶养"和"抚养"的含义不同。"扶养"是"养活"的意思，"扶养"的对象可以是长辈、平辈，也可以是晚辈；而"抚养"的对象一般是晚辈。

34. "复"并不是"覆"的简化字，在"覆盖""覆灭"等词语中，不可用"复"，只能用"覆"。

35. "副"与"幅"的区别使用。"幅"用于"一幅画"等，"副"用于"两副对联""一副笑脸"等，而用于汤药时，只能写作"一服药"。

36. "伏法"与"服法"的区别使用。"伏法"指的是罪犯被执行死刑，比如："就地伏法"；"服法"指的则是服从判决，比如："认罪服法"。

37. "赋予"和"付与"的区别使用。"赋予"指的是尊长高贵的一方给予别人，比如：人民赋予我们的责任，宪法赋予公民的权利等；而"付与"

指的是给予某人钱款或物品。

38．"竿""杆""秆"。"竿"指竹竿；"杆"指的是细长的棍状物；"秆"则是指一些植物的茎，比如："麦秸秆"。

39．"冈"和"岗"的区别使用。"冈"指低而平的山脊，比如："山冈"；"岗"表示岗位、岗哨等。

40．"功夫"和"工夫"的区别使用。这两个词经常可以通用，但是，当用来表示占用的时间时，一般用"工夫"；而表示本领时，则一般用"功夫"。

41．"贯穿"和"贯串"的区别使用。这两个词有时候能够通用，但是，"贯串"一般用于相对抽象的事物；"贯穿"则既可以用于抽象的事物，也可以用于比较具体的事物。

42．"合龙"和"合拢"的区别使用。"合龙"特指堤坝和桥梁的闭合；而"合拢"则也可以指堤坝、桥梁以外的事物的闭合。

43．"宏大"和"洪大"的区别使用。"宏大"用于指规模和支援等；而洪大则用来指声音等。比如："规模宏大""声音洪大"。

44．"候"和与"侯"的区别使用。候用于"等候""候选人""时候"等词语中；而"侯"只有两个用处：第一用于指姓，第二是用于指古代贵族的一种爵位，比如："诸侯"等。

45．"划"和"画"的区别使用。"画"指用手、脚等做出某种动作，比如："画画""指手画脚"；而"划一般用于""规划""计划"等词语中。

46．"会合"和"汇合"的区别使用。"会合"有相会的意思；而"汇合"没有相会的意思。

47．"化妆"和"化装"的区别使用。"化妆"一般指使用脂粉等使容貌变得漂亮；而"化装"指的则是演员为扮演角色所做的修饰等。

48. "荟萃"是正确用法，不要误写为"荟翠"。

49. "轰然"和"哄然"的区别使用。"轰然"形容声响巨大；而"哄然"用来指人声大，比如："哄然大笑"。

50. "震撼"是正确用法，不能写为"震憾"。

51. "竟然"是正确用法，不要能写为"竞然"。

52. "竣工"是正确用法，不能写为"峻工"。

53. "一年之计在于春"是正确用法，不能写为"一年之季在于春"。

54. "简朴"和"俭朴"的区别使用。"简朴"不仅指生活方面，还用来指语言和文笔等。

55. "接合"和"结合"的区别使用。"接合"的对象是具体的；而"结合"的对象则比较抽象，如"城乡接合部""理论结合实际"。

56. "截止"和"截至"的区别使用。"截止"指的是一个过程的停止；"截至"指的则是在一个过程的某个时间点。"截至昨天"是正确用法，不能错写为"截止昨天"。

57. "界限"和"界线"的区别使用。"界限"用于抽象事物；而"界线"则用于具体事物。

58. "几率"是正确用法，不能写为"机率"。

59. "决不"和"绝不"的区别使用。"决不"的意思是决心不，表达的是主观上的态度；而"绝不"的意思是"绝对不"，多强调客观方面，比如："绝不允许"。

60. "记"和"纪"的区别使用。"纪实""纪行"是正确用法，不能错写为"记实""记行"。

61. "嫉贤妒能"是正确用法，不能错写为"忌贤妒能"。

62."家具"是正确用法，不能错写为"家俱"。

63."请柬"是正确用法，不能错写为的"请简"。

64."精简"是正确用法，不能写为"精减"。

65."娇纵"和"骄纵"的区别使用。"娇纵"和"骄纵"的词性不同，前者是动词，比如："娇纵孩子"，而后者是形容词，比如："骄纵惯了"。

66."键"和"健"的区别使用。"关健"是错误用法，正确的是"关键"；"强键体魄"是错误用法，正确的是"强健体魄"。

67."界"和"届"的区别使用。"届"用作"本届政协委员""新三届的学生"等中；而"工商界人士"中则不能用"届"，只能用"界"。

68."浆"与"桨"的区别使用。"桨"指的是划船的用具；"浆"指的则是比较浓的液体。"螺旋桨"是正确用法，不能错用为"螺旋浆"；"纸浆"指正确用法，不能误写为"纸桨"。

69."台湾间谍"这个说法是正确的，因为"间谍"不专指别的国家的窃取情报的人。

70."厉害"和"利害"的区别使用。"厉害"指的是难以对付，"利害"指的是有利和有害两个方面。"他很厉害"是正确用法，不能误写为"他很利害"。

71."再接再厉"是正确用法，不能误写为"再接再励"。

72."俩"是"两个"的意思，所以不能再加两次写成"俩个"等。

73."连"和"联"的区别使用。"连"侧重相接，"联"侧重相合。"连日""连续""连接"是正确用法，不宜写作"联日""联续""联接"；而在"联合""联邦""联欢""对联"中则只能用"联"，不可用"连"。

74."了了"和"寥寥"的区别使用。"寥寥"指很少，比如："寥寥几件衣服";"了了"指的是清楚、明白的意思，比如"心中了了"。"寥寥无几"是正确用法，不能误写为"了了无几"。

75."另"不是"零"的简化字，注意在"零件""零售""零碎"等词语中，只能用"零"，不能用"另"。

76."啰唆"是正确用法，不能误写为"罗嗦"。

77."练"和"炼"的区别使用。"练"和丝有关，而"炼"与火和加热有关。比如"简练""洗练"中用"练"，而在"修炼""锻炼"中则用"炼"，不能用"练"。

78."波澜"是正确用法，不能误写为"波斓"；"斑斓"是正确用法，不能误写为"斑澜"。

79."美轮美奂"是正确用法，不能写为"美仑美奂"。

80."不利"和"不力"的区别使用。"不利"指的是不顺利；而"不力"则用来指不尽力，比如"领导不力""出师不利"等。

81"权利"和"权力"的区别使用。"权力"一般用来做"行使"等词的宾语，而"权利"则常用来做"享有"等的宾语。比如"权力机关""行使权利"等。

82."临"和"邻"的区别使用。"相邻的街道"是正确用法，不能误写为"相临的街道"；"临街建筑"是正确用法，不能误写为"邻街建筑"。

83."迈"指的是"英里"，而不是指公里。

84."谜团"是正确用法，不能误写为"迷团"。"真是个谜"是正确的，不能错写为"真是个迷"。

85."哈密瓜"是正确写法，不能错写成"哈蜜瓜"。

86."明日黄花"是正确用法，指的是过时的东西，"昨日黄花"的用法其实是错误的。

87. "明"和"名"的区别使用。"明信片"是正确用法，不能误写为"名信片"；"名片"是正确用法，不能误写为"明片"；"明星"是正确用法，不能误写为"名星"。

88. 在有些句子中，"哪里"不能错写为"那里"。比如："领导指向哪里，我们就做到哪里"是正确用法，将其中的"哪里"改为"那里"就是错误的。

89. "蓬"和"篷"的区别使用。"帐篷""顶篷"是正确用法，不可写为"帐蓬""顶蓬"。

90. "青"和"轻"的区别使用。"年轻人"是正确用法，不可写为"年青人"，而"年青有为"是正确用法，不可写为"年轻有为"。

91. "起用"和"启用"的区别使用。"起用"一般和人有关；而"启用"则一般和物有关。

92. "情节"和"情结"的区别使用。"情结"指的是情感纠葛，比如："恋母情结"；而"情节"是指故事发生的经过，比如："故事情节"。

93. "困扰"是正确用法，不能误写为"困绕"。

94. "启事"和"启示"的区别使用。"启事"指的是面向公众说明某项事情的文字；而"启示"则是启发指点的意思。

95. "国是"和"国事"的区别使用。"国是"指的是国家大计，比如："共商国是"；而"国事"则用来指国家的大事。

96. "擅长"是正确用法，不能误写为"善长"。

97. "事迹"是正确用法，不能误写为"事绩"。

98. "树立"和"竖立"的区别使用。"树立"指的是建立，一般用来指抽象的东西；而"竖立"一般则用来指具体的东西，比如："竖立牌子"。

99."诵读"是正确用法，不能误写为"颂读"。

100."雾凇""雨凇"是正确用法，不能误写为"雾淞""雨淞"。

101."无所适从"是正确用法，不能误写为"无所是从"。

102."拴"和"栓"的区别使用。"栓"是名词；而"拴"是动词，比如："马栓""拴马"。

103."授权"和"受权"的不同。"授权"是给予，"受权"是接受。比如："授权发布"不能用作"受权发布"

104."蒜薹""菜薹"是正确用法，不能误写为"蒜苔""菜苔"。

105."骛"指的是纵横奔驰，而"鹜"指的则是鸭子。"好高骛远""趋之若鹜"是正确用法。

106."惟妙惟肖"中用"惟"是规范用法，不能写为"唯妙唯肖"。

107."翔实"和"详实"两个词可以通用，但提倡用"翔实"。

108."寒暄"是正确用法，不能误写为"寒喧"。

109."笑眯眯"是正确用法，不能误写为"笑咪咪"。

110."泄"和"泻"的区别使用。在"泄漏""泄洪""泄密""泄愤"中用"泄"；而在"上吐下泻""一泻千里""倾泻"中用"泻"。

111."萧瑟""萧条"是正确用法，不能误写为"肖瑟""肖条"。

112."学历"和"学力"的区别使用。"学历"一般用来指学习的经历；而"学力"一般用来指学习所达到的程度。

113."形"和"型"的区别使用。在"形影不离""地形""图形""喜形于色"等中用"形"；而在"新型""型号"中用"型"。"原形"和"原型"都可以用，但意思不同。

114."霄"和"宵"。前者用来指云、天空，后者则是指夜晚。"夜宵""元宵"是正确用法，不能误写为"夜霄""元霄"。

115．"反应"和"反映"的区别使用。"反映灵敏"是误用，应为"反应灵敏"。"反映"指的是人们对外部事物的认识与表达。

116．"帐"和"账"的区别使用。"账目""账号"是正确用法，不能误写为"帐目""帐号"。

117．"州"和"洲"的区别使用。"州"一般用来指行政单位；"洲"则一般用来指河流中的陆地，比如："绿洲""沙洲"。

118．"燥"和"躁"。"燥"是指干燥，"躁"则是指性急。比如："脾气躁""性子躁"用"躁"。

119．"住"和"驻"的区别使用。"住"泛指居住；"驻"则特指为执行公务而留住某地。

120．"坐落"是正确用法，不能误写为"座落"。"座垫"是误用，应该写为"坐垫"；"座像"是错误的，应该写为"坐像"；"坐班""坐落"是正确的，不能写为"座班""座落"；"茶座、座次"是正确用法，不能误写为"茶坐""坐次"。

121．"赃"和"脏"的区别使用。"销脏""人脏俱获"是错误的，应该写为"销赃""人赃俱获"。"脏"指不干净，比如："裤子脏了"。

122．"只""支""枝"。"一枝重要的力量"中，"枝"是错的，应当改为"支"；"我有两只笔"中"只"是错的，应为"支"。用作量词时，"只"一般用于动物，"支"一般用于队伍，而"枝"则用于指细长的东西。

123．"坐镇"是正确用法，不能误写为"坐阵"。

第六节　编辑工作中常见的字词问题

一、"不止"和"不只"的用法比较

"不只"是一个连词，一般用在递进关系的复句当中，意思和"不但""不仅"有相通之处，表示除了所说的，还有进一步的状况，表达出的是语意上的递进。在它后边的分句里，一般都会跟上与其呼应的词语——"而且""并且"等。举例如下：

（1）他如今不只学习成绩好了，而且人也变得开朗了好多。

（2）这个办法不只适合社法学院的学生，并且适合文化传播学院的学生。

（3）他种的这些花不只供人们观赏，也能用来做花露。

和"不只"是连词不同，"不止"则是动词，它包含两个方面的含义：

第一，是"不停止"。举例如下：

（4）知道了奶奶去世的消息，红红大哭不止。

（5）王刚一听到自己被录取的消息，即大笑不止。

（6）他的腿被狗咬了，血流不止、疼痛不止。

第二，是超出了某个数量或范围的意思。这个意思的"不止"经常被用到，而且也很容易误写成"不只"。举例如下：

（7）小青不止一次向王老师推荐李刚。

（8）他做的其实不止这些。

（9）考上清华的，不止他见到的那五个学生。

二、"它"和"她"的几种常见用法

用来指称国家的时候，经常用"它"。举例如下：

（1）它是我们中国的邻居。

（2）它的国土面积的确不大。

（3）它在世界文明史上有着举足轻重的地位。

但是，当用来指称自己的祖国并且带有敬重的含义的时候，则一般会用"她"。举例如下：

（4）她永远在每一个海外游子的心中。

（5）她的一切始终牵动着每一个海外游子的心。

一般来说，指称某个人的雕像时，可用"它"。例如：

（6）它矗立在广场的中央。

（7）它是用大理石雕刻而成的。

但是，当把雕像当作人来描写的时候，可以用"他"，也可以用"她"。举例如下：

（8）一进山东师范大学的北门，就能看到毛主席塑像，他站在那里，向人们挥手致意。

（9）近日，杨幂的雕像进入人们的视线，她那么逼真，以至于人们误认为是真人。

当用来指称佛的时候，也可以用"他"。比如：

（10）进入佛堂的人们都向他祈祷，祈祷他能给自己带来好运。

三、"带"与"戴"、"佩带"与"佩戴"的用法比较

"带",意指随身携带的意思,"带"的宾语涵盖面很广,既可以是物,也可以是人。举例如下:

(1)向红从家里带了两个馒头。

(2)那个在逃犯身上带着武器,不可轻易靠近。

(3)李宏带的行李很多,好几个人帮忙才装到了车上。

"戴",一般是指把东西加在头、面、颈、手等部位。"戴"的对象一般是帽子、戒指、手表、小黄帽、手套等。例如:

(4)阳阳戴上小黄帽,再戴上红领巾,然后又戴上眼睛,高高兴兴地出门上学去了。

(5)她先戴上假发,接着又戴上帽子和手套、大耳环等,走出了办公室大门。

(6)坐在被告席上的他戴着手铐。

"佩带"一般指的是把物品挂或别在身上,较常用的是指把枪等器械挂在腰上;而"佩戴"通常指的是把徽章等固定在身体的某个部位。比如:

(7)他有心脏病,佩带着心脏起搏器呢。

(8)参会的警察都佩带了手枪。

(9)从这个人佩戴的肩章来看,职位应该不低。

(10)所有参加葬礼的人都佩戴着黑纱。

再有,在"戴孝""披星戴月"中,应该用"戴",不应该用"带",需要注意。

四、"定"和"订"的区别使用

"定"和"订"是非常容易混淆的两个字，现将二者的用法总结如下。

（一）订

在《现代汉语词典》中，"订"有两个意思，第一是经过研究商讨而立下条约等；第二是预先约定的意思。与"订"相关的词语主要有：订单、订购、订户、订婚、订货、订交、订金、订立（条文、协定）、订位、订阅、订正、制订（计划、规划、教义、方案）、拟订（章程）、订立（公约、盟约）、签订（条约、合同、协议、协定）、预订（报纸、酒席）、校订、考订、订计划、拟订（计划、方案）、订约、审订（书稿）、修订、征订、私订（终身）、兹订于……、代订、商订（吉日）、订包间、订约、参订等。

（二）定

在《现代汉语词典》中，"定"包含两层意思，第一是决定和使确定的意思；第二是约定的意思。相关的词语有：定编、定金、定钱、定亲、定位、定做、定制。拟定（规划）、审定（计划）、预定（计划、时间）、制定（宪法、章程、规程）、商定。

以上词语都是《现代汉语词典》第6版里收录的词条或在例句里出现的。其实在以上的词语中有几对最常用的是比较容易用混和用错的，下边分别对它们进行分析。

（三）"签订"和"签定"

《现代汉语词典》中只收录了"签订"一词，而没有收录"签定"。我们一般说"签订合同"，而不宜用"签定合同"。

（四）"制订"和"制定"

"制定"和"制订"用法有区别。一般来说,"制定"突出动作已经完成,而"制订"突出的是动作进行的过程。例如:

制定的用法:

(1)《信息与文献 参考文献著录规则:GB/T7714-2015》是 2015 年制定的。

(2)针对个别职工早退和迟到问题,学校制定了相应的处理办法。

(3)为了鼓励孩子学习,他制定了一个奖励办法。

(4)针对他的身体出现的新的变化,会诊专家又制定了新的治疗方案。

(5)编辑部制定的灵活坐班制度已经经党委会讨论通过了。

"制订"的用法:

(6)奖励方案还在制订中,大家有什么建议都可以往上反映。

(7)编辑部正在制订进修计划,有望下周制定出来。

(8)王刚暑假准备出国,出国行程计划正在制订中。

(9)整个方案的制订过程中,得到了很多专家的帮助。

(10)项旭的出行方案已经制订了很久了,至今都还没有出来。

一般来说,只要在文字中没有特别说明计划或方案处在拟定过程中,就应该使用"制定",处在拟定过程中的使用"制订",从具体的实际应用来看,"制定"比"制订"用得多。

(五)"订金"和"定金"

订金:指的是预付款的意思。

定金:指的是一方为了确保合同的履行,而付给对方一部分款项。定金的作用有二:一是具有担保作用,二是用来证明合同成立。

"订金"和"定金"两个词虽然都是购买或租赁时预先付给的作为成交

保证的一部分钱，但其词义偏重不同。定：意思是确定。"定金"词义重，强调不可变更，在法律上有担保合同履行的作用，未成交时，如何追回或返还有法律规定。订：意思为预约，也就是商量后决定的意思。"订金"词义轻，不强调到时候不可变更，不具有法律效力，如果最终没有成交则应该返还。

（六）"预订"和"预定"

"预订"和"预定"两个词都有预先确定的意思。

订：原意是评议，引申为研究商讨后而定下来。"预订"的词义较轻，重订购，通常可以退还。

定：原意是安定，引申为决定下来。"预定"的词义较重，重约定，一般不可变更。

"预订"和"预定"适用范围不同。"预订"一般用于货物、车票、酒店的房间或书报等有数量的具体事物。"预定"广泛用于各种预先规定或约定，即凡能确定的时间、计划、方案、思路等事物，无论抽象还是具体，都可用；但一般不用于"预订"支配的事物。

（七）"拟订"和"拟定"

"拟订"和"拟定"都有起草的意思。

拟：指的是设计、起草的意思。订：指经过研究商讨而定下。"拟订"是同义语素构成的联合结构，重起草订立的过程，不强调结果的不可变更性。

定：是决定、使确定的意思。"拟定"是中补结构，强调起草好了，确定下来了，不可轻易变更。

（八）"审订"和"审定"

"审订"和"审定"两个词都有审查、审阅之义。

订：指修订，也就是改正文字中的错误。"审订"是为了进行订正、修改，只指动作本身，不强调已经完成，只适用书面文字。

定：是决定的意思。"审定"是为了做出决定，强调动作已经完成，适用各种具体和抽象的事物。

（九）"定做""定制""订制"

《语言文字报》原主编杜永道在回答读者"私人订制"的"订制"是否应当写成"定制"时是这样说的：

"定制"有"专门为某人或某事制作"的意思。也就是说，"定制"可以用来表示按照某人或某事的具体要求或者根据某人、某事的具体特点来制作。例如：

（1）王老师特意为他定制了一个皮包。

（2）她太胖了，很难买到合适的衣服，所以，她穿的衣服都是专门定制的。

（3）姚明长得太高了，睡一般的床根本不行，只能专门定制。

（4）她在剧组有特殊待遇，其他演员的衣服都是租来的，只有她的是定制的。

（5）母亲的80岁生日到了，他特意去蛋糕店定制了蛋糕。

（1）至（5）中的"定制"，也可说成"定做"。但是，"定制"跟"定做"有一点不同，就是"定做"口语中说得多些，而"定制"有书面语色彩，多用于书面语。

而"订阅""订房间""订票"等说法多跟需要预付款项有关。例如：

（6）学报编辑部决定订阅明年全年的《中国妇女报》和《中国新闻出版报》。

（7）他提前赶到了宾馆，给所有人都订了房间。

（8）因为参加考试的人很多，他们怕到了以后找不到住的地方，所以提前订了房间。

（9）你订的连衣裙后天能够寄走。

（10）他把订单填好了，等一下就可以寄走。

另外，根据习惯写法，宜写"订婚"，不宜写"定婚"。其中的"订"可以理解成"订立"的意思。

五、"蕴涵""蕴含""蕴藉"的使用

"蕴涵"是逻辑学中用到的词汇，《现代汉语词典》中对"蕴含"的解释是"包含"的意思。比如：

（1）王总工程师话说的虽然不多，但却蕴涵着很深的思想内涵。

（2）不要看他个子不高，但浑身上下蕴涵着一种让人无法抵抗的力量。

（3）这部长篇小说蕴涵了作者对父亲和母亲的深深的愧疚之情。

《现代汉语词典》中的"蕴涵"除了表示上述逻辑上的一个词汇外，还有另一个解释：同"蕴含"。也即："蕴涵"的一部分意义和"蕴含"是相同的，在表达这部分意义的时候，"蕴涵"和"蕴含"就是异形词。从《现代汉语词典》的解释中可以看出，表示"包含"的意思时，词典推荐使用的是"蕴含"而不是"蕴涵"。因此在写作过程中表示"包含"的意思时推荐用"蕴含"，不推荐用"蕴涵"，更不能一篇文章或一本书中前后使用不一致。

"蕴藉"指的是言语、文字、神情等比较含蓄、不显露的意思。比如：

（4）他写的这首诗意味蕴藉，非常值得人们仔细品味。

（5）听了丈夫的一番解释后，她虽然没有表达什么，但脸上却露出了一丝蕴藉的笑容。

（6）张校长说的话含意蕴藉，需要仔细琢磨才能真正领会。

（7）他是一个非常谦恭、温和的人，处事一向蕴藉，不露锋芒，深得领导信任。

通过以上的分析我们能够发现，"蕴藉"的意思是"含蓄而不显露"，没有"包含"的意思，因此和"蕴含""蕴涵"不存在交叉使用的问题。

六、"片段"和"片断"的不同用法

一般来说，"片段"指的是整体中相对完整的一个段落，经常用于文章、小说、戏剧等。例如：

（1）书上摘录的这个片段是他写的那部小说的第三章。

（2）"刘姥姥一进荣国府"为《红楼梦》中的一个片段。

（3）"痛说革命家史"是现代京剧《红灯记》中的一个片段。

（4）小红找了小说中的一个片段给同学们朗读。

而"片断"指的则是零碎的、不完整的一些内容。比如：

（5）我刚才谈的只是一些片断的经验，回去还要好好归纳一下。

（6）我讲的这些的只是若干片断的社会现象，不系统，还需要系统梳理。

（7）他保存了当时会议的片断录音。

（8）对在新疆的生活，我只有零星片断的记忆，很难梳理出一篇像样的文章。

七、"但""却"的使用问题

某稿件中说："他说的那个项目还算不错，但却不像他所说的那么好。"

有人认为，上面这句话里的"但""却"都表示转折，用在一起就重复了，不合适。可是，现在在书面语言中使用这种说法的情况很常见。比如我们经常会听到下面这样的说法：

（1）他拉得虽然不是很熟，但却基本传递出了作品蕴含的意义。

（2）他思绪很多，时间虽然已经很晚了，但却怎么也无法入眠。

（3）大家都同意他的思路，但李明却有不同看法。

（4）大家在县城的饭店给他准备好了午餐，但他却去了村里。

从语感上说，上面的两句，我们都不觉得太别扭。这是由于"但""却"放在一起使用，有强调转折意味的作用。

另外，汉语中词语有双音化的趋向，说成"但却"后，成了双音节词语，易于跟其他双音词在语音节奏上搭配。还必须注意，这种说法要把"但"放在前面，把"却"放在后面，而不是相反。"但却"在用法上是个"离合词"，（1）至（2）中"但""却"组合在一起使用，（3）至（4）则是两者分开使用。

在编辑工作中，或者我们自己写文章时，最好不使用"但却"，而将"但"或者"却"分开使用，以求文字精练。可是，我们审读作者的稿件时，又不宜将"但却"看作"硬伤"。

八、"拗造型"和"凹造型"的使用问题

《2006 新词新语》就已收录"拗造型"，现在却更多地使用"凹造型"。"拗造型"与"凹造型"的混用令人为难，到底哪个才是对的呢？

《现代汉语词典》（第 7 版）收录了"拗（ǎo）"的方言义，将其解释为："使弯曲；使断；折"。"拗"在《现代汉语方言大词典》中释为弄弯使断。

方言词"拗造型"在进入通语后，很快就出现了"凹造型"的用法，而且非常流行。我们可以在纸媒中找到大量例子。例如：

（1）几年前，洪晃让"凹造型"这句上海话红遍大江南北。（摘自《京华时报》2009 年 8 月 31 日）

（2）在段玉宝看来，拍摄时不必带着过多的预设去给作品"拗造型"，旅行也是，带着一颗清空的心，去感受旅途的纯粹。（摘自《解放日报》2014 年 10 月 17 日）

可以说，最初使用的时候，"拗造型"与"凹造型"就已难舍难分，时至今日，即使只是表示摆造型，两者也依旧混用。比如：

（3）街头看似随意的创意秀或是"拗造型"，也可以表现人的思维乐趣。（摘自《人民日报》2010 年 5 月 8 日）

（4）气象员凹造型摆气象图标获赞。（摘自《汕头特区晚报》2015 年 3 月 9 日）

上述两例"拗造型"借用的是方言词，而两例"凹造型"则是方言词进入通语的变种，都指弯曲出不同的造型。双方音相近，义相同，用法也一样，这注定了不论在口语中还是书面语中，它们都面临着"李逵"与"李鬼"的纷争。

随着使用率的上升，双方的语义都有了简化，只是表示字面上的意思：做出造型，不管是自主的，还是被动的，其结果都是使造型达到某种效果，最初使用时拗出不同造型来博眼球的贬义色彩已经消失。

截至 2017 年 11 月 18 日，百度搜索"拗造型"有 222,000 条，"凹造型"12,500,000 条，且搜索默认为"凹造型"。"凹造型"呈现明显的后起超越之势，可以说，"凹造型"已经成功"上位"了。

"拗""凹"音相近，易混，使用者不熟悉原义，才误把"拗"作"凹"。可是，我们必须明白正确写法应该是"拗造型"，只是由于在传播过程中，出现了误用，导致出现"凹造型"的写法，产生如今混用的情况。

九、"嘛"和"吗"的区别使用

"嘛"和"吗"是两个生活中比较常用的词，也是经常被写错的，最常见的就是把"吗"写成"嘛"。

（一）"嘛"的意义和用法

"嘛"只有ma（轻声）一个读音。它是个语气助词，无实在意义。按照《现代汉语词典》的解释，"嘛"其实有两种用法：一是用在句末，表示陈述或祈使语气。比如：

（1）这也不能怪他，头一回做嘛。（陈述句）

（2）你走快点儿嘛！（祈使句）

二是用在句子中间，表示短暂的停顿，以引起听者对下面所说的话的注意。比如：

（3）科学嘛，就得讲究实事求是。

了解了"嘛"的用法，当然不能用"嘛"的地方就可以用"吗"了。

（二）"吗"的意义和用法

"吗"有三个读音。ma（轻声）、má（二声）和mǎ（三声）。

1. 读mǎ（三声）。常见于药物名称：吗啡、吗丁啉。

2. 读ma（轻声）。语气助词，无实在意义。有三层意思。

第一层意思：在句末表示疑问。例如：你还有什么问题吗？

第二层意思：在句末表示反问。指用"问"句的形式表示肯定或否定的一种无疑问而问的疑问句。例如：

（1）你不是说这样做不行吗？

（2）我们不是下午 6 点钟下班吗？

（3）酒后开快车，这不是作死吗！

（4）太冤枉了，这不是拉我垫背吗！

这种句子的结尾一定要用"吗"，而不能用"嘛"。

第三层意思：在句中表示停顿，可以和"嘛"互换。"吗"和"嘛"的用法，也就在这层意思上互通，除此之外一定不能混用。

3. 读 má（二声）。读第二声时，它不是语气助词了，而是疑问代词了，它就有实在意义了，相当于什么。干吗？/ 吗事？/ 你说吗？/ 要吗有吗。还有广告里说的：吃吗吗香。

在这种用法里，"吗"可以换成"什么"。

十、"的、地、得"不分的问题

目前，"的、地、得"不分的现象广泛存在，笔者以为，之所以有这样的现象存在，一方面与语文基础教学中对相关知识教育的缺失有很大关系，同时，传媒由于自身不注意所形成的误导也脱不了干系。

"的、地、得"的分工可以使书面语言的表达更为科学、精密和准确，如果不区分使用，会导致很多歧义。比如：

（1）"小王需要很好的检讨"（"检讨"不是小王作）；"小王需要很好地检讨"（"检讨"是小王作的）。

（2）"他喜欢剧烈的运动"（指喜欢的运动种类）；"他喜欢剧烈地运动"（指喜欢的运动方式）。

（3）"这个摩托车装的比小汽车还多"（指摩托车装的东西多）；"这个摩托车装得比小汽车还多"（指摩托车的力量大）。

（4）"旺旺难过地哭了"（指哭的状态形貌）；"旺旺难过得哭了"（指哭的程度或结果）。

《现代汉语词典》明确指出："的"字用在定语后面，"地"字用在状语后面，"得"字用在补语前面。笔者认为，对三者的区别使用，应该引起大家的足够重视，尽快使混用的现象不再发生。

十一、"看"和"见"以及"听"和"闻"的区别使用

"看"和"见"有主动和被动的差异。"看"是一种主动的行为。而"见"是一种被动的接收行为。例如：我们不能把"只见一个黑影"说成"只看一个黑影"。这是由于先有黑影，引起人的注意，然后才有动作，这个动作是被动的。又如："看守所"不能改称"见守所"，因为，对犯人的监视行为是主动的。

"听"和"闻"也存在主动和被动的不同。听是主动听取希望听到的声音，闻是被动听到声音。比如可以说"小芳非常喜欢王菲唱的歌"，而不能说"小芳非常喜欢闻王菲唱的歌"；与此类似，我们可以说"充耳不闻"，而不能说"充耳不听"；可以说"闻所未闻"，而不能说"听所未听"。

十二、原来和本来的异同

（一）可以通用的情况

笔者认为，当事物发生了变化，在句子中作前后对比的时候，这两个词的意思和用法几乎很难分辨，推荐使用"原来"，因为"本来"强调的时间比较久。例如：

（1）多年不见了，王老师还是原来（本来）的样子，一点都没发生变化。

（用在抽象名词的前面）

（2）小红原来（本来）很讨厌吃羊肉，当她从专家讲座中了解了羊肉对身体的好处后，就开始喜欢上了吃羊肉。（用在动词前面）

（3）他原来（本来）有三篇论文，又写了两篇，报职称就完全符合条件了。（用在动词前面）

（4）汪峰原来（本来）就很讨厌他，现在更讨厌他了。（都是讨厌，现在更讨厌，程度发生了变化）

（二）二者的不同

从词的意义上来讲，这两个词都可以表示"过去的某个时间"，但是意义的侧重点不同。

原来：只表示过去的某个时间。

本来：从最初开始到目前的这样一个时间段，表示"从一开始就怎样"。

意义不同，所以使用起来也就会有区别。

1. 只能用"原来"的情况

第一，在具体名词的前面，只能用"原来"，不能用"本来"。例如：

（1）原来的饭店不太好，因此他又换了一个。

（2）原来的房子太旧了，他们又买了一套新的。

第二，"原来的"或"原来＋动词＋的"。"原来"可以和动词一起说成"原来＋动词＋的"，也可以省略动词直接说"原来的"。比如：

（3）这件衣服是我原来买的，现在看有点过时了。

（4）这件衣服是原来的，现在看有点过时了。

第三，"原来"可以表示现在知道了以前不知道的情况，常与"怪不得"连用；用在对话中常说"原来如此"或"原来这样"。例如：

（5）怪不得好久没见到他了，原来是生病请假休息了。

2. 只能用"本来"的情况

第一，"本来"表示按道理就应该这样，常和"就"一起用。例如：

（1）本来他做的就不对。

（2）本来她就应该照顾老人。

第二，"本来"还表示同意别人的看法或观点。比如：

（3）A：这本小说挺好看的。

B：本来嘛，它的作者是现在最有名的。

（4）A：你看了我的文章，是不是觉得我可以当个作家？

B：你本来就是啊。

十三、"未来"和"将来"的区别使用

"未来"和"将来"都可以表示"以后的时间"，都可以翻译成 future。汉语词典上的解释是这样的：

将来：时间词，现在以后的时间（区别于"过去、现在"）。

未来：现在以后的时间；将来的光景。

这就比较容易让人误以为这两个词是一样的。于是，就会有这样的句子：

未来我想嫁给你。

乍一看，好像有问题，再读一读，好像又可以。到底怎么回事呢？

从"未"和"将"的意思看，"未来"的"未"是"没"的意思，"未来"就是还没有到来的时间。例如：

（1）我们的教育事业要面向未来。

（2）谁都不知道未来会有什么情况发生。

"将来"的"将"是"马上、将要"的意思，"将来"就是"将要到来的时间"例如：

（3）我长大了想当科学家。

（4）我将来想当科学家。

这两个句子都可以谈理想，"长大了"可以说明"将来"是可以到来的时间。

这样看来，这两个词的意思是有差异的，而且"将来"是时间词，所以在和"过去、现在"做对比的时候，应该用"将来"。例如：

（5）昨天、今天和明天就代表着过去、现在和将来。

通过上面的分析，我们可以看出，"将来"和"未来"是各有自己主要的使用场合的。下面的情况一般来说要用"将来"：

（6）将来你打算做什么？（谈理想）

（7）在不远的将来，清洁能源就会完全取代煤炭等传统能源。（谈能实现的事情）

（8）现在我们要努力学习，将来才不至于后悔。（和"现在"对比）

可见，"将来"表达的时间离现在不一定非常远，而且总会到来。

下面的情况一般来说要用"未来"：

（9）我们对未来要充满信心，因为未来就掌握在我们手中。

（10）孩子是祖国的未来。

（11）未来人类社会怎样发展，谁都无法预料。

一般来说，"未来"表达的时间离现在更远、表达的意义更抽象。如果上面的句子用"将来"的话，也是可以的，但是和"未来"所表达的语感和语义会有一些不同。

"将来"的使用范围比"未来"大。在表达很远的时间、很抽象的意义的时候，最好用"未来"。而在仅表示一个时间的时候，"未来"的书面语色彩更浓一些。例如一首歌的名字叫"我的未来不是梦"。

十四、"立刻"和"马上"的区别使用

在我们的惯常认识中，会有这样的一种印象：觉得能用"立刻"的地方都能用"马上"，这两个词好像没什么差异。

《现代汉语词典》对"马上"的解释也是"立刻"。而它对"立刻"的解释是："表示动作行为紧接着某个时候；马上"。

这种解释在训诂学里叫"互训"，意思是同义词或近义词相互解释。工具书篇幅有限，这样解释也没什么不妥。但作为编辑，在长期的实践过程中，笔者认为在有些情况下还是应该对二者区别使用的。

（一）二者可以交换使用的情况

这两个词都是副词，都可以表示时间短、动作快。比如：

（1）你给我立刻（马上）出去。（都希望对方动作快一点儿）

（2）上课铃响了，教室里立刻（马上）安静下来了。（都表示声音很快消失）

从以上的例子可以看出，当动作真的是很快或说话人希望动作很快、两个动作中间的时间很短的时候，的确既可以用"立刻"，也可以用"马上"。

（二）只能用"马上"的情况

"马上"还可以指说话人觉得时间短，不管实际上需要多长时间。由于常用于表达对将要发生的事情的感觉，所以常说"马上就"。这时如果用"立刻"就会让人感觉比较突兀。比如：

（3）现在已经十月份了，冬天马上就到了。（不宜用"立刻"，事实上冬天不会立刻到来，只是说话人觉得时间快）

（4）时间过得太快了，我马上就五十岁了。（不宜用"立刻"，时间只能是一天一天往前过的，只是说话人觉得时间快）

由以上的分析可以看出，"立刻"主要表示时间真的短、动作真的快（客观事实）。"马上"既可以用来表示时间真的很短（客观事实），也可以用来表示说话人自己认为的时间短（主观感受）。从这个意义上说，能用"立刻"的句子几乎都能用"马上"，但是能用"马上"的句子却不一定能用"立刻"。

十五、"还是"和"或者"的区别使用

我们在实践中可能见过这样的句子：

（1）十一小长假，我打算去哈尔滨，还是长春，还是沈阳。

只看这句话，其实我们看不出讲这句话的人到底表达的是什么意思。我们可以尝试做如下修改：

（2）十一小长假，我打算去哈尔滨、长春还有沈阳。

（3）十一小长假，我打算去哈尔滨，或者长春，或者沈阳。

（4）十一小长假，去哈尔滨，还是长春，还是沈阳，我还没有想好。

根据人们的表达习惯，我们推测，说话的人想要表达的是一种选择关系，但这个选择关系适合用"或者"来表述，不宜用"还是"。

那么在现代汉语里，"或者"和"还是"在表示选择关系时有什么区别呢？

《现代汉语词典》中对"或者"的解释为："或者，连词，用在叙述句中，可以表示选择关系。"例如：

（5）这个事情，或者你去做，或者他去做。

《现代汉语词典》中对"还是"的解释是："还是，连词，表示选择，放在每一个选择项的前面，不过第一项之前也可以不用"。比如：

（6）她来，还是不来？

（7）去哈尔滨，还是去长春，还是去沈阳，他一时确定不下来。

单从《现代汉语词典》以上的解释，"或者"和"还是"都是连词，都表示选择关系，好像没什么区别。但在编辑实践中，我们还是能够看到二者的不同的。

第一，"还是"一般多用在疑问句中，表示需要自己、对方或双方做出选择，常常构成"（是）……，还是……"的句子。

1. 在第一个"是"做判断词的时候，不能省略。比如：

（8）你是美国人还是中国人？这句话是对的。

（9）你美国人还是中国人？这句话是错的。

2. 如果"还是"连接两个动词、动词性短语或者小句子，则可以省略第一个"是"。比如：

（10）你（是）去还是不去？

（11）你（是）喜欢苹果还是香蕉？

3. 根据语境，可以省略共同的成分。例如：

（12）你吃苹果还是（吃）樱桃？

（13）你去哈尔滨还是（去）大连？

（14）你去哈尔滨还是他去（哈尔滨）？

4. 当不知道怎样选择或有待做出选择的时候，可以不用疑问句。例如：

（15）项旭没有想好来还是不来。

（16）我不知道小刚想去哈尔滨还是大连。

（17）吃面条还是吃馒头，你来定。

第二，"或者"表示选择关系的时候，多用于陈述句。

1.可以连接两个同类的词、短语或句子，例如：

（18）她想在大学城周围租房或者购房。

2.口语也可以省略为"或"。例如：

（19）小王先跳或小张先跳，都可以。

3.当需要做出选择的时候，既可用"或者"，也可用"还是"。比如：

（20）吃面条还是吃馒头，你来定。

（21）吃面条或者吃馒头，你来定。

4.当要强调二者必须选择一个的时候，可以用"或者A，或者B"。比如：

（22）或者吃苗条，或者吃馒头，你来定。

由以上分析可得出如下结论：其一，"或者"主要用在陈述句中，而"还是"主要用在疑问句中。其二，"或者"多用在书面语中，口语中常用"或"。

十六、"即"和"既"的比较和辨析

（一）"即"的意义和用法

"即"，可以分别作名词、动词、副词、连词和介词等使用，词性不同，用法也不同。

1.作名词。"即"作名词，意指"当下、当前、目前"的意思。例如：

（1）高考在即，老师和同学们都在全力备考。

（2）成功在即，我们再努力一把吧。

上边两个例子中"即"都是时间名词，作动词"在"的宾语。

2.作动词。"即"作动词表示两种意思：一是"靠近、接近、接触"，二是"就是"。例如：

（3）小王和他女朋友的关系一直若即若离的。

（4）那并不是一个可望而不可即的目标，只要努力就一定能够实现。

（5）老舍即舒庆春。

（6）手书即亲手写的信。

例（3）、例（4）中的"即"是"靠近、接近、接触"的意思。例（5）、例（6）中的"即"为"就是"的意思。

3.作副词。"即"作副词使用时，相当于"就、便、立即、马上"等。作副词的"即"在句子中作状语。例如：

（7）他参加完高考即返回。

（8）两周之后，你即可来上班。

4.作连词。"即"作连词时相当于"即使"。例如：

（9）即无老师讲解，他也能自己搞懂。

（10）即在丰收之年，也应厉行节约。

5.作介词。"即"作介词时相当于"从、由、到、就着"等。举例如下：

（11）即景生情，小芳想起了她和男朋友在一起的一幕幕。

（12）他即兴赋诗一首。

（13）即小见大，他的为人就此可见一斑。

（14）即此一端，你们就能看出小芳到底是怎样忍受的了。

（15）信写了上千字了，话也说的差不多了，即此搁笔。

例（11）、例（12）中的"即"相当于"就着"，例（13）、例（14）中的"即"相当于"从、由",例（15）中的"即"相当于"到"。

（二）"既"的意义和用法

"既"，在现代汉语中主要作副词和连词。

1.作副词。"既"，作副词时主要有两种用法：一是相当于"已经"；跟"且、又、也、更"等副词配合，表示两种情况兼而有之。例如：

（1）在民族危亡的关头，中国共产党人挽狂澜于既倒，进行了决死的抗战。

（2）我们应该既往不咎，给小刚一个改错的机会，因为他已经深刻反省了自己的错误行为。

（3）他既可以讲德语，也能够说法语。

（4）既要有很好的想法，又要有实实在在的行动。

例（1）、例（2）中的"既"的意思为"已经"，例（3）、例（4）中的"既"分别和"也""又"配合，表示前后两个分句之间的并列关系。

2.作连词。"既"，作连词时和"既然"是一个意思。例如：

（5）既要做，就一定要做好。

（6）他既是来了，那么，见大家就是肯定的了。

十七、盈利、营利和赢利

要想用对这三个词，首先要弄清楚它们的词性。根据《现代汉语词典》的解释，"盈利"只能做名词用，因此"无法盈利"的用法就是错误的。而"营利"是动词，指的是主观上的获利，可以说"无法营利"。"赢利"既是动词又是名词，指经营行为的客观结果。

营利，主观上谋求利润，获得利润的愿望，并不是客观上有了利润。"营利"可在句子中充当宾语和定语，如："我们既要营利，又要提高产品的质量。""企业不能只图营利，不管产品质量。"这两个句子中的"营利"表达了主观上获利的愿望。"这个团体是个非营利性的机构。"这里的"营利"不能用"赢利""盈利"代替。

赢利，是动宾结构的合成词，做谓语用，表示的是经营行为的客观结果，不表示具体的数字。如"我们顺应市场要求组织生产，今年赢利了。"这个句子是对经营结果做了判断。

十八、众多和诸多的区别使用

笔者在平时的编辑工作中发现"众多""诸多"被误用的情况比较多，经常该用"许多""很多"的地方用成了"众多""诸多"，该用"诸多"的地方被用成了"众多"。请看以下的例子：

（1）李琦和王宏的那次成功，已经成为公司经营历史上的一个经典案例。众多有意思、有价值的案例也激励着张小华董事长不断地推进企业文化建设，以确保企业取得更大的成功。

（2）张洪的设计公司可以为企业提供品牌规划、设计咨询等服务，研发的众多创新小商品让人耳目一新。

（3）西安这座古城，有着数不清的千古文章、历史古迹，还有众多人文景观、历史街区。

（4）这个和安全有关的无人机，其特点是什么？它又怎么能够在众多的无人机领域当中脱颖而出呢？

（5）可是想到受灾现场环境复杂，不可控因素众多，王小平再也坐不住了，赶紧驱车赶到了现场。

（6）造成杂音的众多可能因素已经排除。

（7）在集训队结业考核中，面对诸多义务兵高手和士官训练尖兵，张晓红一鼓作气，取得了集团军 400 米障碍第一名的骄人战绩。

（1）～（4）例中的"众多"应改成"许多、很多"；第（5）（6）例应改成"诸多"；第（7）例应改为"众多"。

根据《现代汉语词典》对这个词的解释："众多"主要用于人，"诸多"主要用于抽象的事或物。

十九、"调适"和"调试"的区别使用

错别字里面有相当一部分属于同音错别字。调试和调适就是一对比较容易用错的词语。

根据《现代汉语词典》第 6 版的释义，这两个词都是动词，都含有调整的意思，但两个词的意义侧重点及适用对象不同，因此用法不同。"调试"两语素间是并列关系，用于他动，是调整试验的意思，一般用于物，如仪器、设备等。例如：

（1）汽轮发电机组正在进行总装调试。（《现代汉语词典》第 6 版）

（2）找到红外相机的安装位置以后，还需要对相机的各种设置进行调试。（《走遍中国——熊猫来了》）

（3）安装，调试，对于队员们来说，等待的每一分每一秒都显得那么漫长。（《走遍中国——神秘的六个大脚印》）

而"调适"两语素间是偏正关系，多用于使动。"适"补充说明"调"，意思是调整使适应。"调适"一般多用于人，如心神、身心等。例如：

（4）参加会议的人，都面临着这样或那样的工作和心理压力，为了缓解

这种状况，心理咨询师分别针对性地给大家介绍了几种自助的心理调适方法。

二十、"科目"和"课目"的区别使用

相信很多人都知道"科目"，写稿时也用过，但一般人很少用"课目"。第一次看军事节目时看到"课目"这个词，查词典方知道这是一个军事训练的专用名词。那"科目"和"课目"的用法有什么区别，何时用"科目"，何时用"课目"？两个词可以混用吗？

请先看一下一些出版物上这两个词的使用情况：

（1）五代时期的进士科都考哪些课目？

（2）陆军讲武堂全学期教育课目表

（3）××旅汽车营演示科目解说词

（4）大学生军训课目

整个感觉，以上对"科目"和"课目"的用法比较混乱。

在《现代汉语词典》第6版中，科目有两个意思，一是按事物的性质划分的类别；二是指科举考试分科取士的名目。

从这个词的释义上，我们可以看出它的外延比较大，只要是划分的有类别的都可以叫"科目"。因为第二个意思的存在，现在的一些考试项目、竞赛项目也都用"科目"。比如：

（5）申论是国家公务员考试的一个科目。该科目的考试是让考生根据指定的材料进行分析，提出见解，并加以论证。

（6）学科指军事训练或体育训练中的各种知识性的科目。

可见"科目"可以指考试项目，也可以指训练项目。

在《现代汉语词典》第6版中，课目有两个意思，一是课程的项目，第

二是军事训练中进行讲解和训练的项目。

从以上的两种释义中可以看出："课目"并不包括考试的项目或竞赛的项目，从其第二个意思来看，"课目"就是一个军事训练的专用名词，并不包括考核。

根据以上的分析，我们可以做出如下使用选择：当指单纯的军事训练或一般的课程项目时，可以用"课目"，它的外延比"科目"小；而谈到考核或竞赛时用"科目"。

二十一、"一曝十寒"和"一暴十寒"的使用问题

《现代汉语词典》对"一曝十寒"的解释是：比喻勤奋的时候少，懈怠的时候多，没有恒心。这里只解释了它的比喻义。

"一曝十寒"成语出自《孟子》："虽有天下易生之物也；一日暴（pù）之；十日寒之；未有能生者也。"

这是孟子针对当时的齐王做事没有恒心的行为所打的比方，意思是即使是天下最容易成活的植物，如果晒它一天，然后冻它十天，也没有能活下来的。比喻无论做什么事儿，如果不能坚持，也不会成功。

后来"一日暴之，十日寒之"被浓缩成"一暴十寒"，经过长期使用成为成语。

"一曝十寒"自身意义比较完整，用法比较简单，可以做主语，也可以做谓语、状语等。例如：

（1）你要想在学业上有所建树，一曝十寒是不行的。

（2）你要在学业上有所建树，就绝对不能一曝十寒。

（3）如果你总是一曝十寒地学习英文，就不可能学好。

由于"一曝十寒"带有贬义色彩，所以在使用时常常与能愿动词的否定式或禁止义的词语搭配。例如：

（4）无论做什么事儿，都要坚持，不能一曝十寒。

（5）学习外语，最怕一曝十寒。

这个成语的主要问题是：应该写"曝"还是"暴"的问题。

《说文解字》中有："暴，晞也。从日从出，从廾（gǒng，双手）从米。"

"暴"是会意字，本义是晒五谷。

后来"暴"被用于"暴露""突出""猛烈"等意义，为了与这些意思相区别，后人增加了"日"旁，新造出形声字"曝"。所以从时间上讲，"曝"是后起字，"暴"和"曝"是古今字；从意义上讲，"曝"的出现是为了区别词义，所以也叫区别字。传统上一直把"暴"当作"曝"的通假字处理。

由于这句话出自《孟子》，属于经典，所以在字形上一直以"一暴十寒"为正体，虽然有时也写作"一曝十寒"，但多被认为俗体。《辞源》只收录"一暴十寒"。

《现代汉语词典》的早期版本也跟《辞源》一样。现在，《现代汉语词典》以"一曝十寒"为规范字形。

《现代汉语词典》列出了"暴 pù"的字头，"＜书＞同'曝'"。

也就是说，今天如果要用这个成语，就写成"一曝十寒"；要是阅读以前的书，见到"一暴十寒"的话，也不能读 bào，要读 pù。

另外，"曝"除了 pù 外，还有一个音 bào。"曝光"读 bào（旧读 pù），今天读 pù 就是不规范的了。"曝光"也可以写作"暴光"，但是不能写作"爆光"。

二十二、"比一动"还是"比一通"？

笔者在军事频道中比较爱看的栏目是《军旅人生》。每期节目介绍的都是一个个有血有肉的铁骨铮铮的汉子，讲述的是他们进入部队后，如何通过训练从一名普通战士蜕变成一名敢打敢拼、素质过硬的合格战士。故事都非常励志。

在节目中经常能听到战士说，我要和你"比一动"之类的话。开始不解，就去查字典。《现代汉语词典》《现代汉语量词用法词典》等查了个遍，根本没有"动"这个量词。因此比较困惑"动"从何而来。

查阅解放军出版社出版的《中国人民解放军新兵训练教材》，其中的"徒步方队受阅队列动作规定"里有"一步一动""一步两动"的说法。可能"动"是从这里来的吧。后来又请教了一直在部队工作的朋友，终于得到了比较权威的解释。

关于"一动"的说法，在军营里可以经常听到。部队的训练条例里下口令就有"一步一动""一步两动"的说法，这个"动"指动作，一组动作，两组动作。因此在部队里常说"练一动""练两动"以及"谁跟谁比一动，比两动"，这已经成为军人的惯用语。"比一动"就是跟对方比一组规范训练动作，而不是"比一通"。

二十三、"碳化"还是"炭化"？

《现代汉语词典》（以下简称《现汉》）第 7 版出版后，虽然官方说除了收录了一些新词外，其他内容变化不大，但有些变化我们却不能不知道。在阅读学习中，笔者发现《现代汉语词典》第 6 版中收录的"炭化"，在《现代汉语词典》第 7 版中消失了，唯一可以查到的就是"焦化"一词的解释中用了"碳化"，其余的都是用碳化组成的碳化物，根本看不到"炭化"的身影了。《现汉》第 6 版收录的"炭化"是不是错了？以后再遇到"tàn 化"，写哪个对呢？

在《现代汉语词典》第 6 版中，对炭化的第二个解释为：物质燃烧成炭或含碳化合物。而在第 7 版中，这个词没有了。

我们先看几例因用了"碳化"被判错的例子：

（1）大火烧完以后，那个大墙门到现在我们还保留了乌焦漆黑的这么一个状态……你看它是完全碳化了。（2012 年 9 月《走遍中国》）

（2）它烧得已经是碳化了。（2012 年 12 月《走遍中国》（判错理由：炭化指物质燃烧成炭或含碳化合物，最后炭化。见《现代汉语词典》第 6 版，第 1263 页）

（3）看着眼前这片几乎已经接近碳化，但经纬脉络仍然非常清晰的丝织品残片，我们深深地震撼了。（2016 年 8 月《国宝档案》（判错理由：见《现代汉语词典》第 6 版，第 1263 页：物质燃烧成炭或含碳化合物，最后炭化。此处指丝织品出土后小气候剧烈变化，导致的炭化。）

以上判错的理由依据的都是《现代汉语词典》第 6 版上收录的"炭化"一词。现在回过头来看，这几个"碳化"是否真错了呢？笔者认为这几个用法都没有错，可是因为"炭化"在《现代汉语词典》第 6 版中有收录，所以当时这个官司肯定打不赢。物质本身发生变化有物理变化和化学变化两种，碳化是一个过程，显然以上几例都发生了化学变化，应该用"碳化"，而不是"炭化"。

目前看，是不是再遇到"tàn 化"时，我们应该写作"碳化"而不是"炭化"了呢？

二十四、什么地方可以使用繁体字?

有一位留学生发现北京师范大学有一栋建筑名叫"京师学堂"，四个字有三个都不是简体。他不明白为什么要用繁体字。

"京师学堂"是这座建筑的一个牌匾上的题字。其中的"京"不是繁体字，是"京"的一个异体字；师在那里用的是繁体"師"的书法体；"學"是"学"的繁体字。在牌匾上使用繁体字和异体字，是符合法律规定的。

2001 年国家实行《中华人民共和国国家通用语言文字法》，其第三条规定："国家推广普通话，推行规范汉字。"

规范汉字指的是简体字。这部法律确立了简体字的法律地位。

考虑到汉字历史悠久的实际情况，《中华人民共和国国家通用语言文字法》也同时规定了在下列情形下可以保留或使用繁体字、异体字：

（1）文物古迹中的繁体字或异体字可以保留；

（2）姓氏中的异体字可以保留；

（3）书法、篆刻等艺术作品中可以使用繁体字或异体字；

（4）题词和招牌的手书字可以使用繁体字或异体字；

（5）出版、教学、研究中需要使用繁体字或异体字的。

这名留学生发现的问题，符合上面法律规定允许使用繁体字或异体字的情形。

除了上述规定的情形外，其他场合都要求写规范字。而且随着计算机技术的发展，汉字信息处理技术也日益成熟和完善，更加要求汉字的规范化和标准化。

二十五、"前苏联"之说的不妥之处

平时，论及苏联，多数都用"前苏联"，笔者以为，这种说法多有不妥。主要原因如下。

（一）"前苏联"的说法有画蛇添足之嫌

具有信息传递功能的语言，所传递的信息一定要适当，多余或者不足都属于不适当。"前苏联"之说，主要是为了表明苏联已经不复存在。事实上，即便不加"前"字，只用"苏联"，也不会影响人们对苏联这个国家早已解体这一人尽皆知的事实的确认，"苏联"就是一个专有名词、历史名词，其本身已经内含了其早已不存在的信息。所以说，"前苏联"所要表达的苏联不存在的信息在"苏联"这个词中已经体现出来了，再加个"前"字，就完全是多余的了，这种情况下，其所传递的就是无用信息和多余信息，就属于用词不当。

（二）"前苏联"所传递的信息不合乎逻辑

"前苏联"这样的说法在逻辑上是有问题的，比如"古希腊""古埃及""古印度"分别是相对于后来的或现在的"希腊""埃及""印度"来说的，可是，除了"前苏联"，并没有"现苏联"和"后苏联"之说。历史上消亡过很多国家，也消失过很多事物，难道在这些国家和事物前面都要加"前"字吗？对这个问题的回答自然是否定的。

另外，"苏联"是国家名称（"苏维埃社会主义共和国联盟"的简称），可是"前苏联"却并不是国家名称，所以作为国家名称，对苏联的称呼绝对不能用"前苏联"来指称。比如：在江苏版义务教育课程标准实验教科书历史八年级的教材中列有"世界主要有核国家从研制成功原子弹、导弹到研制成功氢弹所需要的时间表"，在这个表格中，有一列为"国名"项，这一项中分别有"美国""中国""英国""前苏联"。可是，"前苏联"并不是"国名"，所以，这个表格是错的，应该将"前苏联"的"前"字去掉，改为苏联为宜。

但是，也不是所有的地方用"前苏联"都不合适，或者不恰当，甚至有时候还会有非用不可的情况。比如："欧洲复兴开发银行预测：前苏联地区向市场经济过渡仍需要一定的时间……"（参见 2004 年 11 月 12 日的《参考消息》），这里所用的"前苏联"就是恰当的，也不能用"苏联"来替代。

据以上分析，可以得出如下结论：在教材、图书，尤其是历史教材中，应该严格地摈弃"前苏联"这一说法。但是，针对"前苏联"一词是否可用，笔者的观点是，不可一概而论：在非正式的、非正规的语言表达中，可以使用，因为正式的、规范的语言尤其是一些教科书中的语言，一定要严谨、准确、恰切，这时候，就不适宜用"前苏联"这一逻辑存在问题、信息冗余的说法。

第七节　成语辨音辨形实例

以下是笔者整理的常见的 88 组成语辨音辨形实例，供同行参考使用。

一、音同音近字（括号内为正字）

1.娇生贯养（惯）融汇贯通（会）

2.随声附合（和）循私舞弊（徇）

3. 异屈同工（曲）察颜观色（言）

4. 义气相投（意）翻云复雨（覆）

5. 世外桃圆（源）闲情逸志（致）

6. 闻过饰非（文）天遂人愿（随）

7. 毛骨耸然（悚）仗义直言（执）

8. 事必恭亲（躬）水乳交容（融）

9. 责无旁代（贷）功亏一匮（篑）

10. 箭拔弩张（剑）唇枪舌箭（剑）

11. 金壁辉煌（碧）悬梁刺骨（股）

12. 如雷灌耳（贯）良晨美景（辰）

13. 以德抱怨（报）积腋成裘（集）

14. 变换莫测（幻）莫齿难忘（没）

15. 名列前矛（茅）好高鹜远（骛）

16. 扑溯迷离（朔）沤心沥血（呕）

17. 东施效频（颦）提纲携领（挈）

18. 当人不让（仁）矫柔造作（揉）

19. 耳儒目染（濡）含辛如苦（茹）

20. 礼上往来（尚）玩事不恭（世）

21. 有侍无恐（恃）手屈一指（首）

22. 死无忌惮（肆）暴戾恣雎（睢）

23. 大相径廷（庭）痴心忘想（妄）

24. 运筹帷握（幄）寻序渐进（循）

25. 掩旗息鼓（偃）敷演塞责（衍）

26. 遗笑大方（贻）忧柔寡断（优）

27. 生杀与夺（予）沿木求鱼（缘）

28. 余勇可估（贾）动辄得咎（辄）

29. 高瞻远嘱（瞩）真知卓见（灼）

30. 破斧沉舟（釜）虎视耽耽（眈）

二、形近字（括号内为正字）

1. 怙恶不俊（悛）良秀不齐（莠）

2. 暴珍天物（殄）草管人命（菅）

3. 不落巢臼（窠）开门辑盗（揖）

4. 裨官野史（稗）查无音信（杳）

5. 姿意妄为（恣）耀发难数（擢）

6. 翔翔如生（栩）名闻假迩（遐）

7. 插血为盟（歃）义愤填鹰（膺）

8. 磐竹难书（罄）众口烁金（铄）

9. 置若惘闻（罔）自曝自弃（暴）

10. 再接再励（厉）欲盖弥张（彰）

11. 饮鸠止渴（鸩）图穷匕现（见）

12. 相形见拙（绌）消声匿迹（销）

13. 惩前必后（毖）纷至踏来（沓）

14. 己人忧天（杞）前踞后恭（倨）

15. 篷荜生辉（蓬）暗然失色（黯）

16. 病入膏盲（肓）历兵秣马（厉）

17. 默守成规（墨）苦心孤旨（诣）

18. 并行不勃（悖）披肝历胆（沥）

19. 怨天忧人（尤）及及可危（岌）

20. 养尊处忧（优）忧心仲仲（忡）

21. 苇编三绝（韦）出类拔粹（萃）

22. 滥芋充数（竽）举旗不定（棋）

23. 针贬时弊（砭）辛辛学子（莘）

24. 珠丝马迹（蛛）立杆见影（竿）

25. 棉里藏针（绵）望风披糜（靡）

26. 为虎作帐（伥）戮力同心（勠）

27. 招然若揭（昭）洛绎不绝（络）

28. 节风沐雨（栉）坐收鱼利（渔）

29. 菇毛饮血（茹）茶毒生灵（荼）

30. 蹈晦之计（韬）缁铢必较（锱）

三、音、形近似字（括号内为正字）

1. 惨绝人圜（寰）百战不怠（殆）

2. 束之高搁（阁）直抒胸意（臆）

3. 黄梁美梦（粱）忧柔寡断（优）

4. 蜚然成章（斐）蹒跚来迟（姗）

5. 拢络人心（笼）味同嚼腊（蜡）

6. 挺而走险（铤）强驽之末（弩）

7. 娇揉造作（矫）待价而估（沽）

8. 试目以待（拭）记忆尤新（犹）

9. 腹水难收（覆）飞扬拔扈（跋）

10. 纵横碑阖（捭）鞠躬尽粹（瘁）

11. 惮精竭虑（殚）言简意该（赅）

12. 拾人牙惠（慧）不劲而走（胫）

13. 侩炙人口（脍）梁上君子（梁）

14. 千均一发（钧）屯积居奇（囤）

15. 集腋成赇（裘）纠纠武夫（赳）

16. 揣揣不安（惴）向禺而泣（隅）

17. 怡笑大方（贻）珠联壁合（璧）

18. 金榜提名（题）如法泡制（炮）

19. 流言非语（蜚）录录无为（碌）

20. 暇不掩瑜（瑕）众目葵葵（睽）

21. 祸起箫墙（萧）扑塑迷离（朔）

22. 浅尝辄止（辄）高朋满坐（座）

23. 冒天下之大不违（韪）

24. 有志者事竞成（竟）

25. 欲加之罪，何患无词（辞）

26. 玉不啄，不成器（琢）

27. 多行不义必自弊（毙）

28. 桃李不言，下自成溪（蹊）

第八节　28组音同义殊词语辨析

一、不温不火、不瘟不火和不愠不火

不温不火：包含三层意思。（1）原为我国西南地区的方言，指不冷不热，好像温吞水。（2）指不冷淡也不火爆，形容平淡适中。比如："土玲和方钢的关系一直都是不温不火的。""大蒜市场还是不温不火。"（3）指缺乏热情，态度淡漠。例如："王总这个人就那样，总是不温不火的"。

不瘟不火：指戏曲等表演既不沉闷也不热烈、火爆。（瘟：中医对各种传染病的统称。得了瘟病的人精神萎靡、倦怠。借指戏曲等表演沉闷，无生气。）

不愠不火：形容性格温和，宽容大度，做事有耐性。（愠 yùn：恼怒。）

二、和衣而卧和合衣而卧

和衣而卧：指连同衣服一起躺下睡觉。即不脱衣服睡觉。（和：连同。比如："和盘托出""和根拔起"。）

合衣而卧：合拢衣服，不解扣躺下睡觉。（合衣：睡不解衣。如唐·元稹诗《合衣寝》。）

三、大轰大嗡和大哄大嗡

大轰大嗡：不注重实际，只追求形式上的红红火火。

大哄大嗡：形容动员众多的人无秩序地一哄而上，有虚张声势之意。多含贬义。（哄：众人同时发声，吵嚷。）

四、反唇相讥和反唇相稽

反唇相讥：由于不服气对方的责备，反过来对对方加以讽刺。（反唇：回嘴。讥：讽刺。）

反唇相稽：《汉书·贾谊传》中记载："妇姑不相说，则反唇而相稽 。"指由于不服气对方的指责，反过来与对方进行争论。（稽：计较，争论。）

五、风起云涌和蜂起云涌

风起云涌：（1）大风起来，乌云涌现。如"风起云涌，雷电交加"。（2）比喻事物迅速发展，声势浩大。（3）比喻彼呼此应地兴起。也说"风起云蒸"。

蜂起云涌：同"云涌蜂起"。语出明朱国祯《涌幢小品·两渊》："当时议大礼者既得逞志，云涌蜂起，为所欲为者何所不至？"多用来比喻许多事物相继升起，声势浩大。如鲁迅的《二心集·我们要批评家》中有："大部分是因为市场的需要，社会科学的译著又蜂起云涌了 。"

六、发愤图强和发奋图强

发愤图强：（1）意指痛下决心，积极努力，谋求发展、进步和强盛的意思。（2）同"发奋图强"。（发愤：勤奋；决心努力。例如：《论语·述而》有记载："发愤忘食，乐以忘忧，不知老之将至云尔。"（2）发奋振作的意思。见"全等异形词语"中的"愤不顾身"。）

发奋图强：指振奋精神，鼓足干劲，谋求进步、发展和强盛的意思。也说"奋发图强"。（奋：指鸟用力振翅飞。引申为振作的意思。发奋：振作起来，勤奋。）

七、绿茵茵和绿阴阴

绿茵茵：有两层意思。（1）意指浓绿一片，像铺上了一层绿色的毯子一样。比如："绿茵茵的草坪"。（2）借指成片的嫩草。比如："一片绿茵茵"（茵：指垫子。）

绿阴阴：有两层意思。（1）形容浓绿而有阴影。例如"树木绿阴阴"。（2）形容深绿且幽暗、阴森。

八、意外之财和义外之财

意外之财：指的是没有预想到能够得到的钱财。

义外之财：这个词有两个意思，一是指用不正当手段谋取来的钱财；二是指来路不明的钱财。（义：一是指顺应道德规范的意思；二是指理应的意思。）

九、唾手可得和垂手可得

唾手可得：意思是很容易就能得到或者办到。也说"唾手可取"。（唾手：指的是往手掌上吐少许唾沫，这往往是准备用手拿东西或准备干活前的一个动作，表示即将要用力，可还没有正式开始，比划一下动作而已。）

垂手可得：清代李绿园的《歧路灯》第三十八回中有这样一段话："那个资性，读不上三二年，功名是可以垂手而得的。"指的是双手下垂或一伸手但不需要其他动作就能够得到。形容不用费什么力气就能够得到或办到。也说

"垂手而得"。（垂：指悬挂或伸、展的意思。垂手：指的是双手下垂或者伸手，形容不用怎么费力就能获得到想得到的。）

十、言必由衷和言必有中

言必由衷：意指说的话必须是发自内心的。指的是心口一致的意思。反义词为"言不由衷"。（衷：指内心。）

言必有中：出自《论语·先进》："子曰：夫人不言，言必有中。"也就是指一开口就能够说到点子上。包括两层含义：（1）形容说的话中肯，很切中要害，合情合理，说到了点子上。（2）形容人比较有见识，善于言谈和论理。（中：音 zhòng，一指箭射中目标；二指中肯。有：在这里是助词，没有意义。）

"言不由衷"和"言不由中"是全等异形词。

十一、哑然失色和讶然失色

哑然失色：意思是由于害怕而面色苍白，说不出话来。（哑然：形容寂静。色：指脸色。）

讶然失色：指的是惊讶得脸色苍白。形容非常惊讶、惊恐的意思。

十二、破涕为笑和破啼为笑

破涕为笑：意思是停止流泪，露出笑容。形容转悲为喜或暂时抑制悲痛而开颜一笑。（破：一指改变；二指解除。涕：指眼泪。如"涕零""涕泗滂沱"。）

破啼为笑：语自清代刘攽的《和弟自京师来》："破啼强为笑，意气徒衰翁．"指的是停止啼哭而笑起来的意思。形容人（一般情况下指婴幼儿）突然停止啼哭而笑起来。（啼：放声大哭的意思。）

十三、警钟长鸣和警钟常鸣

警钟长鸣：有两层意思。（1）指报警的钟或警铃等报警器长时间鸣响，实际常用来指灾难来临前警示人们紧急避险。（2）比喻持久地保持警惕性。（警钟：一是指报警的钟、警铃等报警器；二是用来指需要引起人们注意警惕的事件或者信息。长：长时间。如"气笛长鸣"。）

警钟常鸣：意思是报警器经常鸣响。常用来提醒人们保持警醒之心，防止疏忽大意。（常：在这里用作副词，经常、时常的意思。）

十四、广为传诵和广为传颂

广为传诵：广泛流传述说或者诵读。也说"天下传诵"。一般只用来表述口头上的传诵。含有"乐道"或"怀念"的意思。（诵：包含三层意思，一指念出声来；二指述说；三指朗读。）

广为传颂：广泛普遍地传扬歌颂。含有"赞美""称道"的意思。也说"天下传颂"。"广为传颂"既可以用来指口头上的传颂，也可以用来指书面上的传颂。（颂：用语言文字赞美、颂扬。）

十五、…览胜和…揽胜

…览胜：一指观赏胜景；一指游览胜地。多用于文章标题，如"泰山览胜""日本富士山览胜""九寨沟览胜""数学史海览胜"（比喻用法）等。（览：一指观看；二指游历。胜：用来指优美的地方、境界或古迹。）

…揽胜：有两层含义。（1）指选取胜景。多用于文章标题，比如："泰山揽胜""日本富士山揽胜""九寨沟揽胜"，多用于摄影作品。（2）指把美好的景物尽收眼底。如"凭栏揽胜""登高揽胜"等。（揽：摘取、收取的意思。）

十六、目光尖锐、目光坚锐

目光尖锐：指看问题看得很准。（目光：一指视线；二指见识；三指见解。）

目光坚锐：意指眼神坚定而机敏。（目光：指眼神。）

十七、两 X 比邻和两 X 毗邻

两 × 邻近、靠近。如"两国比邻、两省比邻、两校比邻、两家比邻"等。（比：近；靠近。如"比居、比近、比屋"等。比邻，近邻任两者并非相连。如"天涯若比邻"。）

两 × 毗邻：两 × 相邻并连接。如"两国毗邻、两省毗邻、两校毗邻、两家毗邻（即紧邻）"等。（毗：连接。如"毗连、毗联"。）

十八、无明火起和无名火气

无明火起：形容发怒。（无明：佛典中指"痴"或"愚昧"。）

无名火气：指无缘无故、毫无来由的怒火。指"无名火"。（名：理由；名义。如"师出无名"。）

十九、××心得和××新得

××心得：指在工作、学习等活动中领悟或体会到的知识、技能、思想、认识等。例如：读书心得、学习心得、运动心得、采摘心得、养蚕心得，等等。

××新得：××有新的心得（和已有的心得相比而言）。例如：读书新得、学习新得、运动新得、采摘新得、竞赛新得、养蚕新得，等等。

二十、全神贯注和全神关注

全神贯注：全部精神集中在一点上，指注意力高度集中的意思。（贯注：意指集中）。

全神关注：出自李劼夫《天魔舞》的第十章："何况此刻他全神关注的，只是那两个被人众打得鼻塌嘴歪的凶手。"也就是一心注意的意思。（关注：一指关心重视；二指特别注意。）

二十一、无孔不入和无空不入

无孔不入：包含两层意思。（1）指遇到空隙就钻进去。比如：大雾无孔不入。（2）比喻善于利用一切机会，到处钻营。也说"无孔不钻"。含有贬义的意思。例如：各种谣言无孔不入，一定要有分辨能力。

无空不入：同"无孔不入"的（2）。（空：《说文·穴部》："空，窍也。"段玉裁注："今俗语所谓孔也。"）

二十二、无商不奸和无商不尖

无商不奸：旧指经商的人都奸猾、唯利是图。

无商不尖：古代粮商出售米谷用升或斗来量，每次都把升或斗中的米谷堆得竖尖儿，以此赢得"回头客"。泛指做买卖要舍得让小利于顾客，只有这样，才能让生意兴隆。多用来比喻吃小亏占大便宜。也说"无尖不商"。

二十三、言之不预和言之不渝

言之不预：意指没有事先通知、预告、提醒的意思。常冠以"勿谓""莫谓"。表示有言在先，常用作提出劝告或警告。（预：事先。）

言之不渝：意指说出的话决不改变。（渝：改变；违背。如"坚贞不渝、始终不渝"。）

二十四、枉法之徒和罔法之徒

枉法之徒：指执法者中知法犯法、徇私枉法分子。（枉：违背；使歪曲。枉法：执法的人为一己私利而曲解和破坏法律。）

罔法之徒：违法犯罪分子。和"枉法之徒"不同，"罔法之徒"不仅限于执法者（罔：不；无。罔法：不法；违法。）

二十五、居高临下和据高临下

居高临下：意指处于高处，面对低处俯视。延伸之意有三：（1）形容处于有利地形或者有利形势；泛指处于有利地位。（2）形容摆出高高在上的架势。（3）比喻有高水平或处于高位。（居：在某位置的意思 。临：一指对着；

二指居高面低，由上看下。临下：从高望下。）

据高临下：出自宋·陈亮的《戊申再上孝宗皇帝书》："凡地据高临下，东环平冈以为固，西城石头以为重。"有两层含义。（1）指凭借高处，俯控低处。（2）凭仗优势地位，足以制人。（据：依靠；凭借。）

二十六、畅销书、长销书和常销书

畅销书：指的是销路畅通、卖得快的图书。

长销书：指的是连续多年畅销的图书。（长：时间久，而且连续不断。）

常销书：经常有销路的图书。（常：经常。）

二十七、含咏品味和涵泳品味

含咏品味：意思是有节奏地诵读，并且仔细琢磨体会、玩味。一般针对的是诗词骈文。（含咏：吟哦。品味：仔细琢磨体会的意思。）

涵泳品味：指深入领悟理解，仔细琢磨体会、玩味。（涵：沉浸。涵泳：一指潜泳；二指沉浸。引申为深入领会的意思。如宋·陆九渊的《读书》："读书切戒在慌忙，涵泳工夫兴味长。"）

二十八、恭贺新喜和恭贺新禧

恭贺新喜：指很有礼貌地祝贺对方新婚。（恭：一指有礼貌；二指拱手致礼。恭贺：指向人致贺的敬词。新：结婚或结婚不久的。比如：新房、新郎、新娘、新人，等等。喜：喜庆之事。）

恭贺新禧：指很有礼貌地祝贺对方新年降祉受福、吉祥如意的意思。多用于元旦、春节的祝福。（新：开始的意思。引申为新年。禧：一指吉祥；

二指幸福。如"鸿禧、受禧降祉"等。）

第九节　对国务院有关机构设置使用中应该注意的一些问题

2018年3月份，中华人民共和国中央人民政府网发布《国务院关于机构设置的通知》（国发〔2018〕6号），公布了最新的国务院各机构的名称，笔者根据编校实践，整理出了编校稿件中最容易出现问题的一些地方。

在介绍国务院各组成部门名称及有关需要注意的问题之前，需要提醒的是：国务院总理，不要错写为"国家总理"。另外，各机构或职务名称，一定要严格按照文件中的规定书写，不可随意更改。

在国务院各组成部门规范名称中，需要特别注意的是：第一，中华人民共和国国家发展和改革委员会、中华人民共和国工业和信息化部、中华人民共和国人力资源和社会保障部、中华人民共和国住房和城乡建设部、中华人民共和国文化和旅游部等部门中的"和"，不要错写成"与"。第二，在使用"中华人民共和国国家民族事务委员会"时，需要特别注意的是不要漏掉"国家"二字。第三，在使用"中华人民共和国农业农村部"时，需要特别注意"农业"在"农村"前面。第四，在使用"中华人民共和国国家卫生健康委员会"的简称时，需要特别注意：不要错成"卫计委"，拼音输入法特别要注意；另外还需注意，有"国家"二字。第五，在使用"中国人民银行"时，注意不要错写成"中国银行"。

在国务院直属特设机构"国务院国有资产监督管理委员会"中，需要注意这里是"国务院"，而不是"国家"或"中国"。

在国务院直属机构的规范名称中，需要特别注意的是："中华人民共和国海关总署"中是"中华人民共和国"，而不是"国家"。在使用"国家税务总局""国家市场监督管理总局""国家广播电视总局""国家体育总局"时，不要忘记有"总"字。

在国务院直属事业单位中，"中央广播电视总台"中，有个"总"字；在使用"中国银行保险监督管理委员会"的简称时要注意，不要掉了另一个。

另外，机构设置发生变化后，那些不再保留的机构以及这些机构的官员，在稿件中该如何表示，是用"原"，还是用"前"？如果职务和机构并存，"前"和"原"放在哪个前面？下面笔者对这两个问题做具体分析。

第一个问题：对不再保留的机构以及这些机构的官员，在稿件中该如何表示，是用"原"，还是用"前"？

据《现代汉语词典》，前：指从前的，如，前旅游局，前所长。原：指原来、本来，如，原作者。

《现代汉语词典》对"前任"的解释是："在担任某项职务的人之前担任这个职务的人。"比如：万钢是这个房地产开发公司的前任董事长。这里的"任"字往往被省略掉。如"李明是这个学报编辑部的前主任，而现主任是张弘"。"前主任""现主任"是不同的两个人。

"原"往往是相对于同一个人的"现"任职务而言的。《现代汉语词典》对"原"的解释有一条是"原来"；对"原职"的解释是"原来的职务"。例如：这个编辑部原主任李明现在是该编辑部的调研员。

《现代汉语词典》对"前"的另一种解释是："从前的（有时指现在改变了名称、身份的机构或人等）。"比如：前公安局局长。"原"放在机构前，也有这种含义。例如：李明是山东女子学院（前中华女子学院山东分院）学报主编；也可以说：李明是山东女子学院（原中华女子学院山东分院）学报主编。在这里，"前""原"的意思都是一样的，都是用来表述现已改名的机构。再一种用法是指现已改组成另一机构的某机构。比如：文化和旅游部由原文化部、原旅游局合并而成。

由以上分析可以看出，对不再保留的机构以及这些机构的官员，用"原"和"前"都可以。

第二个问题，如果职务和机构并存，"前"和"原"放在职务前面还是放在机构前面？

表示某人曾任职务时，常在职务前加上"原"或"前"。当职务所属机构、单位已不存在或已改名时，"前"和"原"应放在机构、单位名称前。

一般情况下，在指人的时候，"前""原"应直接放在职务之前，如"前主编""原主编"。把"前""原"放在机构名称前，有可能会产生歧义。比如："前文化和旅游部部长"或"原文化和旅游部部长"的用法，有可能使人误以为"文化和旅游部"现已改名，或已不存在。因此，如果不是机构已改名或不存在，只是要表述人的职务，"前""原"应避免放在机构之前，而应直接放在职务（如"部长"）之前，这样就不会产生歧义。

总结以上两个问题，结论就是：机构已经不存在或更名了，"前"和"原"放在机构前；机构存在、职务是以前的，"前"和"原"放在职务前；职务和机构都是原来的或以前的，"前"和"原"用在机构前。

第十节　经常写错的 100 个人名

姓名，也就是名字，是个体特定的名称或者符号，有了姓名，人们才能正常有序地交往。姓名不仅蕴含了人们美好的情感，也有着深厚而丰富的历史和文化积淀。在日常生活中写错、读错姓名都不是一件小事，从事编校工作，对人名更要慎之又慎。但很多汉字之间只有些微差异，很容易差之毫厘，谬以千里。所以，一定要非常注意。

对于如何发现人名中的错误，笔者认为可以从以下几个方面入手：

第一，要了解名与字之间的关系。如韦庄，字端己。庄，庄重庄严。端己是对"庄"的解释。

第二，要了解其兄弟的名字，古人起名时兄弟的名字会用具有同一个偏旁的字，表示他们之间具有某种关系。如苏轼、苏辙。

第三，人名中的异体字不改，如吴大澂、朱有燉，在古代，这些字是有特殊含义的，不能以今论古，将异体字都改成现代的正字等。

现列举出比较容易出现差错的 100 个人名，以便同行在编辑实践中借鉴使用。

1. 正：蔡廷锴　误：蔡廷楷

蔡廷锴（1892—1968），爱国民主人士，曾任国民党十九路军军长，率领十九路军在"一·二八事变"后抗击日军。

2. 正：曹文埴　误：曹文植

曹文埴（？—1798），安徽歙县人。清代重臣，魏武帝（曹操）嫡脉后裔，与其子曹振镛并称为"父子宰相"。其书法也颇有造诣。

3. 正：陈嘉庚　误：陈嘉赓

陈嘉庚（1874—1961），爱国华侨，创办集美中小学和厦门大学。

4. 正：陈潭秋　误：陈谭秋

陈潭秋（1896—1943），中国共产党创始人之一。

5. 正：陈抟　误：陈搏

陈抟（？—989），五代宋初道士，著名的道家学者、养生家。宋太宗赐号"希夷先生"，后人称其为陈抟老祖、睡仙等。传说活了118岁。因繁体字的抟与搏十分相近，故易出错。

6. 正：陈慥　误：陈造

陈慥（生卒年份不详），字妙常，北宋眉州（今四川青神）人，与苏东坡是好友。但他非常惧内。苏轼有诗曰："龙邱居士亦可怜，谈空说有夜不眠。忽闻河东狮子吼，拄杖落手心茫然。"其中的河东狮即指陈慥妻子柳氏。慥音造。

7. 正：陈澔　误：陈浩

陈澔（1260—1341），元儒，著有《礼记集说》，字可大，号云住，人称经归先生。澔音浩，古同浩。但作为人名是不能改成浩的。

8. 正：鉏麑　误：锄麑

鉏麑（？—前607），也作鉏之弥。春秋时期晋国勇士。晋灵公荒淫无道，恨大臣赵盾多次进谏，派他行刺赵盾。他清晨前往，见赵盾盛服将朝，坐而假寐，不忍下手，退而触槐自杀。鉏是锄的异体字，但在此不能简化成锄。

9. 正：从维熙　误：丛维熙

从维熙：河北玉田人，当代作家，1933年生。主要作品有《大墙下的红玉兰》《远去的白帆》等。从是汉族较为典型的姓氏，广泛分布于中国北方，不要写成"丛"。

10. 正：丁宝桢　误：丁宝祯

丁宝桢（1820—1886），字稚璜，洋务运动的重要成员，官至四川总督。川菜宫保鸡丁即是由他创制，所谓宫保是他的荣誉头衔。

11. 正：丁声树　误：丁树声

丁声树（1909—1989），中国语言学家，号梧梓，曾任《现代汉语词典》主编。

12. 正：樊於期　误：樊于期

樊於期（？—前227），战国末期人。本为秦朝将领，后逃亡燕国。秦王悬赏"金千斤，邑万家"通缉他。燕太子丹派荆轲刺秦时，他自刎献首级，荆轲以其首级和督亢地图进献秦王，以便行刺。注意：於读乌音，不能读作于音。期读鸡音。

13. 正：氾胜之　误：氾胜之

氾胜之（生卒年不详），西汉农学家。成帝（前32—前7）时为议郎，因其所撰农学著作《氾胜之书》传于后世而闻名。氾作为姓时读"凡"音。

14. 正：范雎　误：范睢

范雎（？—前255），亦作"范且"。战国时秦相。因被须贾所诬，被人笞击折胁。后化名张禄，并入秦。京剧《赠绨袍》讲的就是他的故事。因雎与睢字形相似，故常误为睢。

15. 正：方孝孺　误：方孝儒

方孝孺（1357—1402），明浙江海宁人，字希直，又字希古，人称正学先生。宋濂弟子。朱棣兵入京师后，不肯为成祖起草登基诏书，慷慨就义，被灭十族（宗亲九族及方的学生）。

16. 正：冯延巳 误：冯延己

冯延巳（903—960），五代南唐词人，一名延嗣，字正中，广陵（今江苏扬州）人，其词多写闲情逸致，文人气息很浓，对北宋晏殊、欧阳修等颇有影响，有《阳春集》传世。记住"嗣"和"巳"同音，就不会误为"己"和"已"。

17. 正：冯煖 误：冯谖

冯煖（生卒年不详），即冯驩（易误为冯欢），战国时齐国游士。家贫，为孟尝君门下食客。有冯煖市义的典故流传。

18. 正：苻坚 误：符坚

苻坚（338—385），十六国时期前秦国君。征调九十万大军攻晋，在淝水大战中失败。另十六国前秦有苻健、苻融，不要写成"符"字。

19. 正：傅璇琮 误：傅旋宗

傅璇琮（1933—2016），著名学者，浙江宁波人。中华书局总编辑，编审，中央文史馆馆员。"琮"读"从"音。璇，美玉。琮，古代一种玉器。所以不要把人名中的王字旁弄丢了。

20. 正：傅斯年 误：傅思年

傅斯年（1896—1950），山东聊城人，字孟真。著名历史学家，五四运动学生领袖之一，1949 年任台湾大学校长。

21. 正：高颎 误：高颖

高颎（？—607），字昭玄。隋朝著名宰相、军事谋臣。"昭"字在古文中有洗刷冤屈，还原事实真相，使案件真相大白的意思。除此之外还有昭雪的说法。在古时候，"玄"字有神奇、深奥的意思，还有隐居的意思。二者结合起来就是帮助别人沉冤得雪，专心为百姓办实事的。颎读炯音。

22．正：高棅　　误：高秉

高棅（1350—1423），明代诗人，编纂了《唐诗品汇》和《唐诗正声》。

23．正：高鹗　　误：高鄂

高鹗（约1738—约1815），清代文学家，别署红楼外史，汉军镶黄旗人。以续补《红楼梦》闻名。另《老残游记》作者刘鹗，清代著名诗人厉鹗，均是"鹗"字，不能写作"鄂"字。

24．正：更嬴　　误：更赢

史嬴（生卒年不详），战国时魏国人，著名神射手。成语惊弓之鸟里的神射手就是他。另作为姓，"更"读第一声，嬴音雷。

25．正：穀梁赤　　误：榖梁赤

穀梁赤（生卒年不详），旧题《春秋穀梁传》的作者。他是战国时鲁人，相传是子夏的弟子。另穀梁是复姓。榖（中间少一横）也音谷，是构树的意思。

26．正：顾传玠　　误：顾传介

顾传玠（1910—1965），昆曲小生，江苏苏州人，顾传琳之胞弟。妻子张元和是著名昆曲度曲家。根据其兄顾传琳的名，亦可知其名字含"王"字旁。

27．正：顾毓琇　　误：顾毓秀

顾毓琇（1902—2002），不要因为钟灵毓秀一词而写成顾毓秀。

28．正：毌丘俭　　误：毋丘俭

毌丘俭（？—255），河东闻喜（今山西闻喜）人。三国时期魏将，于255年发动对司马师的兵变，即后人所说的淮南三叛（王凌、诸葛诞、毌丘俭）。毌丘是复姓。毌读贯。

29. 正：过百龄　误：过柏龄

过百龄（1587—1660），名文年，字百龄。明末围棋造诣最深、名声最大的国手，现在有"过百龄杯"业余围棋公开赛。"过"作为姓氏读作"锅"音。

30. 正：韩复榘　误：韩复渠

韩复榘（1891—1938），"中华民国"军事将领，此人因常念别字而闹出不少笑话。榘读"举"音。

31. 正：韩幹　误：韩干

韩幹（生卒年不详），京兆（今陕西西安人），唐代画家，以画马著称，存世作品有《牧马图》《照夜白图》。幹不能简化为干。

32. 正：何祚庥　误：何炸庥

何祚庥，1927年生，著名物理学家，中科院院士。不要写成何炸庥。

33. 正：贺拔惎　误：贺拔其

贺拔惎：唐人白敏中的朋友，白敏中对皇帝说朋友比状元重要，这里的朋友就是贺拔惎。贺拔，是古代鲜卑族的复姓。惎音即。

34. 正：侯嬴　误：侯赢

侯嬴（？—前257），战国时期魏国人。他向信陵君献计窃符救赵。嬴下面是"女"字，读银音。

35. 正：胡絜青　误：胡洁青

胡絜青（1905—2001），满洲正红旗人，老舍的夫人。因絜是洁的异体字，因此容易误写为洁字。

36. 正：胡光墉　误：胡光铺

胡光墉（1823—1885），即胡雪岩，他是著名的红顶商人。

37. 正：胡祗遹　误：胡祇遹

胡祗遹（1227—1293），字绍闻，号紫山。著有诗文集《紫山大全集》，卷八有《黄氏诗卷序》《优伶赵文益诗序》《朱氏诗卷序》等文，为研究元曲之珍贵资料。

38. 正：胡燏棻　误：胡燏芬

胡燏棻（？—1906），清末安徽泗州（治今泗县）人，曾在天津小站练兵。

39. 正：黄居寀　误：黄居采

黄居寀（933—？），五代宋初画家，字伯鸾，成都人，是著名画家黄筌之子。

40. 正：黄绍竑　误：黄绍闳

黄绍竑（1895—1966），广西容县人，在新桂系人物中排名第二位。

41. 正：黄图珌　误：黄图秘

黄图珌（1699—1752），字容之，号蕉窗居士，清代剧作家。主要作品有《雷峰塔》。珌音必。

42. 正：黄胄　误：黄胄

黄胄（1925—1997），中国画家，善画驴，有《百驴图》。黄胄的取名有一段传说：小时候，黄胄参加体育方面的比赛，因为成绩优异，他赢得了一面锦旗，锦旗上写的字就是"炎黄之胄"。当时的黄胄不明白其意思，于是请教老师，在得知是炎黄子孙的意思后，他就将自己的名字改为了黄胄，并立誓做一个对祖国有用的人。

43. 正：揭傒斯　误：揭徯斯

揭傒斯（1274—1344），元代文学家，字曼硕，卒谥文安，有《揭文安公全集》。傒不要写成徯字。

44. 正：李昪　　误：李昇

李昪（888—943），五代时南唐的建立者。少孤，为杨行密收养，后为吴丞相徐温养子，并改名徐知诰。升元三年（939）复姓李，改名昪，史称"南唐"。昪音卞。

45. 正：李公朴　　误：李公仆

李公朴（1902—1946），中国爱国民主人士，1946年7月11日在昆明被国民党特务杀害。闻一多的《最后一次演讲》就是怒斥国民党特务暗杀李公朴事件的。

46. 正：李济深　　误：李济琛

李济深（1686—1762），中国爱国民主人士。

47. 正：李鱓　　误：李鳝

李鱓（1686—1762），清代画家，名亦作觯，江苏兴化人，扬州八怪之一。鱓音鳝。

48. 正：李璘　　误：李麟

李璘（？—757），唐玄宗第十六子，封为永王。安史之乱后李白避居庐山，永王李璘出师东巡，李白应邀入幕。后李白因此事牵连而流放夜郎。

49. 正：李劼人　　误：李颉人

李劼人（1891—1962），中国小说家、文学翻译家。著有《死水微澜》《暴风雨前》等。劼音洁。不要写成顾颉刚的颉。

50. 正：李謩　　误：李莫

李謩（生卒年不详），唐代开元年间教坊里的首席吹笛手。謩音馍。

51. 正：李廌　　误：李荐

李廌（1059—1109），北宋文学家，字方叔，华州（今陕西华县）人，少以文章谒苏轼，是"苏门六君子"之一。廌音置。

52. 正：林斤澜　　误：林斤斓

林斤澜（1923—2009），中国作家，浙江温州人，曾任《北京文学》主编，代表作品有《春雷》《飞筐》《山里红》等。

53. 正：林风眠　　误：林凤眠

林风眠（1900—1991），中国画家、美术教育家。

54. 正：林海音　　误：林海英

林海音（1918—2001），中国女作家，著有自传体性质的小说《城南旧事》。

55. 正：林散之　　误：林散芝

林散之（1898—1989），中国书画家，擅山水，精书法，尤擅行草。

56. 正：刘大櫆　　误：刘大魁

刘大櫆（1698—1779），清散文家，字才甫，安徽桐城人。后世称方苞、刘大櫆、姚鼐为桐城派三祖。

57. 正：刘鹗　　误：刘鄂

刘鹗（1857—1909），清末小说家，别署洪都百炼生，江苏丹徒（今镇江）人。著有《老残游记》。

58. 正：刘绍棠　　误：刘少棠

刘绍棠（1936—1997），中国作家。主要作品有《蒲柳人家》《京门脸子》《青枝绿叶》《运河的桨声》。

59. 正：刘眘虚　　误：刘春虚

刘眘虚（生卒年不详），字全乙，盛唐著名诗人，开元进士，《阙题》是其代表诗作。眘，音慎，古同慎。

60. 正：刘知几　　误：刘知己

刘知几（661—721），唐代史学家。字子玄，彭城（今江苏徐州）人，所著《史通》是中国第一部史学评论专著。

61. 正：卢文弨　　误：卢文绍

卢文弨（1717—1796），字绍弓，浙江余姚人。著有《抱经堂诗钞》《抱经堂文集》《钟山札记》等。清代乾嘉时期著名学者，在校勘学、训诂学等方面有杰出成就。弨，音同超，弓弦的意思。

62. 正：陆徵祥　　误：陆征祥

陆徵祥（1871—1949），"中华民国"外交家，1918年率中国代表团出席巴黎和会。

63. 正：吕叔湘　　误：吕淑湘

吕叔湘（1904—1998），中国语言学家、语文教育家，江苏丹阳人。主编了《现代汉语词典》。因"湘"有三点水，"叔"也被人想当然加上三点水。

64. 正：马蓝鱼　　误：马兰鱼

马蓝鱼：著名秦腔表演艺术家，代表剧目《游西湖》。

65. 正：毛甡　　误：毛生

毛甡（1623—1713），即毛奇龄，清初经学家、文学家，与弟毛万龄合称为"江东二毛"，原名甡。于经、史、音韵、训诂均有研究。因郡望在西河，学者称"西河先生"。甡音绅。

66. 正：祢衡　　误：弥衡

祢衡（173—198），汉末文学家。字正平，平原般（今山东乐陵西南）人。少有辩才，长于笔札，性刚傲物。京剧《击鼓骂曹》中的主人公就是他。

67. 正：聂绀弩　　误：聂甘努

聂绀弩（1903—1986），著名诗人、散文家，笔名散宜生。曾任《文汇报》总主笔和人民文学出版社副总编辑。

68. 正：牛僧孺　　误：牛僧儒

牛僧孺（779—847），唐穆宗、文宗时宰相。字思黯。安定鹑觚（今甘肃灵台）人。与李德裕不和，在著名的牛李党争中，是牛党的领袖。有《玄怪录》。

69. 正：裴铏　　误：裴刑

裴铏（？—约860年后在世）：唐朝人，传奇文学的鼻祖，代表作有《聂隐娘》《昆仑奴》等。

70. 正：溥心畬　　误：溥心畲

溥心畬：原名爱新觉罗·溥儒，满族，清恭亲王奕訢的孙子。画工山水，兼擅人物、花卉及书法，与张大千有"南张北溥"之誉。

71. 正：岐伯　　误：歧伯

岐伯：上古时期最有声望的医学家。传说《黄帝内经》是黄帝和岐伯所作。后来人们用岐（伯）黄（帝）作为中医学的代名词。

72. 正：钱君匋　　误：钱君陶

钱君匋（1907—1998），中国书画家、篆刻家。浙江桐乡人。精音乐，尤善诗、书、画、印，曾任西泠印社副社长。著有《西洋美术史讲话》《冰壶韵墨》等。

73. 正：萨都剌　　误：萨都刺

萨都剌（约1307—1359后），元代文学家，字天锡，一说是阿拉伯语Sa'dal—Allāh的音译，意为"真主之福"，与其字"天锡"意合。号直斋。泰定进士，博学能文，兼擅楷书。官至南台侍御史，诗词兼擅。

74. 正：萨空了　　误：萨空子

萨空了（1907—1988），中国新闻工作者、新闻学家，笔名了了，艾秋飙。蒙古族。

75. 正：邵洵美　　误：邵询美

邵洵美（1906—1968），祖籍浙江余姚，出生于上海，出身官宦世家。新月派诗人、散文家、出版家、翻译家。其名字出自《诗经·邶风·静女》："自牧归荑，洵美且异。"其夫人盛佩玉（盛宣怀的孙女）的名字也是出自《诗经》。

76. 正：沈钧儒　　误：沈钧孺

沈钧儒（1875—1963），中国民主革命家，字秉甫，号衡山，清末进士。

77. 正：沈曾植　　误：沈曾殖

沈曾植（1850—1922），历史学家，书法家，光绪进士，有《海日楼文集》《海日楼诗集》。

78. 正：石敬瑭　　误：石敬塘

石敬瑭（892—942），即"后晋高祖"，五代晋朝建立者。称契丹主为"父皇帝"，自称"儿皇帝"。

79. 正：苏颋　　误：苏廷

苏颋（670—727），唐代文学家，字廷硕。京兆武功（今陕西武功西北）人。当时和张说并称为"燕许大手笔"。颋音挺，正直之意。

80. 正：苏祗婆　　误：苏祇婆

苏祗婆（生卒年不详），西域龟兹人，善弹琵琶。

81. 正：孙起孟　　误：孙启孟

孙起孟（1911—2010），中国著名教育家、社会活动家。安徽休宁人，老一辈民主党派领导人。

82. 正：孙诒让　　误：孙贻让

孙诒让（1848—1908），清代经学家、文字学家。字仲容，号籀庼，浙江瑞安人。有《墨子间诂》《籀庼述林》。

83. 正：唐汝询　　误：唐汝洵

唐汝询（？—约1624年前后在世），明末清初学者，华亭（今属上海）人，撰有《唐诗解》《唐诗十集》等。

84. 正：韦端己　　误：韦端已

韦端己（约836—910），即韦庄。五代前蜀诗人、词人，花间词派代表作家。《秦妇吟》是其名作，与温庭筠齐名，并称温韦。庄，庄重庄严。端己是对"庄"的解释，符合古人起名时名与字之间的同义现象。

85. 正：韦驮　　误：韦驼

韦驮，亦称韦天将军。佛教护法天神。

86. 正：吴大澂　　误：吴大澄

吴大澂（1835—1902），清末金石学家、文字学家。澂现在为澄的异体字，但在人名中不能改澄。

87. 正：吴稼䆮　　误：吴稼登

吴稼䆮（？—1596年前后在世），字翁晋，孝丰（今属浙江）人。少以诗见称于王世贞。与吴梦旸、臧懋循、茅维并称苕溪四子。

88. 正：吴趼人　　误：吴研人

吴趼人（1866—1910），即吴沃尧。清末小说家。原名宝震，字小允，号茧人、趼人。《二十年目睹之怪现状》是其代表作，也是晚清谴责小说的代表。

89. 正：吴组缃　　误：吴组湘

吴组缃（1908—1994），中国作家、学者。原名祖襄，安徽泾县人。代表作有《一千八百担》《宋元文学史稿》等。记住"组缃"都是绞丝旁的就不会错。

90. 正：谢枋得　　误：谢仿得

谢枋得（1226—1289），南宋诗人。字君直，号叠山。信州弋阳（今属江西）人。带领义军在江东抗元，被俘后为国捐躯。作品收录在《叠山集》中。

91. 正：谢惠连　　误：谢惠莲

谢惠连（397—433），南朝宋文学家。陈郡阳夏（今河南太康）人。因在为父守丧期间作诗赠人，长期不得官职。所作《雪赋》较有名。与族兄谢灵运并称"大小谢"。

92. 正：徐继畬　　误：徐继畲

徐继畬（1795—1873），著有《瀛环志略》，这是中国较早论述世界地理和历史的重要著作。

93. 正：徐釚　　误：徐轨

徐釚（1636—1708），清代文学家，字电发，吴江人。著有《南州草堂集》《词苑丛谈》等。釚音球。

94. 正：严世蕃　　误：严世藩

严世蕃（？—1565），明江西分宜人，别号东楼。奸臣严嵩之子。

95. 正：杨倞　　误：杨琼

杨倞（生卒年不详），唐宪宗年间弘农（今河南灵宝市南）人。杨汝士之子，大理评事，著《荀子注》一书。

96. 正：张耒　　误：张来

张耒（1054—1114），北宋诗人，字文潜，号柯山，世称宛丘先生。是"苏门四学士"之一。有《张右史文集》《柯山词》。

97.正：朱竹垞　　误：朱竹坨

朱竹垞（1629—1709），即朱彝尊，清代文学家、学者。字锡鬯，号竹垞。著有《曝书亭集》《词综》《明诗综》《静志居诗话》等。

98.正：朱孝臧　　误：朱孝藏

朱孝臧（1857—1931），清末民国间词人，号彊村，编定《宋词三百首》等。

99.正：朱谋垔　　误：朱谋湮

朱谋垔（生卒年不详），明宗室，特擅临池，著有《画史会要》。

100.正：朱有燉　　误：朱友炖

朱有燉（1379—1439），号诚斋。明太祖朱元璋之孙，周定王朱橚之子，明代戏曲家，世称周宪王。有杂剧31种，总名《诚斋乐府》。在《现代汉语词典》中，"燉"是"炖"的异体字，但在人名中不宜改为炖。

第十一节　200组易错首选词

《现代汉语词典》（第7版）中的推荐词形与非推荐词形在处理上分为两种情况：第一，国家试行标准中已经有了的，将非推荐词形加上括号后放在推荐词形的后面，如【按捺】（按纳）；第二，在国家试行标准中没有出现的，在对推荐词形进行解释后加"也作……"，如【板型】……也作版型。

木铎书声认为：第一种情况，即词后加括号（）时，必须使用括号前面的词语，否则算错；第二种情况，即"也作"时，应当首先使用前面的词语，但是用后者也不算错。笔者根据《现代汉语词典》（第7版），并借鉴木铎书声的总结，挑选了如下200组易错的首选词。

1. 哀号，悲哀地号哭。也作哀嚎。

2. 爱搭不理，也作爱答不理。

3. 按捺（按纳）。

4. 按语（案语）。

5. 疤瘌，也作疤拉。

6. 把式，也作把势。

7. 背时，也作悖时。

8. 百叶窗（百页窗）。

9. 板型，也作版型。

10. 悖晦，也作背晦。

11. 版筑，也作板筑。

12. 孢子（胞子）。

13. 卑辞，也作卑词。

14. 贝斯，也作贝司。

15. 备不住，也作背不住。

16. 比画，也作比划。

17. 笔画（笔划）。

18. 笔芯，也作笔心。

19. 筚路蓝缕，也作荜路蓝缕。

20. 编者按（编者案）。

21. 悖理，也作背理。

22. 悖谬，也作背谬。

23. 辨正：辨明是非，改正错误。也作辩正。

24. 辨证：辨别症候。也作辨症。

25. 辩白，也作辨白。

26. 辩词，也作辩辞。

27. 辩证：辨析考证。也作辨证。

28. 鬓角（鬓脚）。

29. 秉承（禀承）。

30. 拨浪鼓，也作波浪鼓。

31. 波罗蜜，也作菠萝蜜。

32. 脖颈儿，也作脖梗儿。

33. 擘画，也作擘划。

34. 峬峭，也作庯峭、逋峭。

35. 鸧鹒，也作仓庚。

36. 册页，也作册叶。

37. 厕身，参与；置身（多用作谦辞）。也作侧身。

38. 厕足，插足；涉足。也作侧足。

39. 碴儿，也作茬儿。

40. 差使，旧时指官场中临时委任的职务，后来也泛指职务或官职。也作差事。

41. 徜徉（倘佯）。

42. 潮乎乎，也作潮呼呼。

43. 车把式，也作车把势。

44. 车厢（车箱）。

45. 撑竿跳高，也作撑杆跳高。

46. 吃挂落，〈方〉受连累。也作吃挂络。

47. 吃里爬外，也作吃里扒外。

48. 踟蹰，也作踟躇。

49. 踌躇（踌蹰）。

50. 畜生，也作畜牲。

51. 串联，也作串连。

52. 淳厚，也作醇厚。

53. 绰约，也作婥约。

54. 慈姑，也作茨菰。

55. 磁漆，也作瓷漆。

56. 搭档（搭当、搭挡）。

57. 打寒战，也作打寒颤。

58. 打冷战，也作打冷颤。

59. 打战，也作打颤。

60. 单方，民间流传的药方。也作丹方。

61. 当作，也作当做。

62. 道砟，铺在铁路路基上面的石子儿。也作道碴。

63. 得意扬扬，也作得意洋洋。

64. 德行：讽刺人的话，表示看不起他的仪容、举止、行为、作风等。也作德性。

65. 低回（低徊）。

66. 嘀里嘟噜，也作滴里嘟噜。

67. 嘀嗒（dī dā），形容钟表摆动等的声音。也作滴答。

68. 滴答（dī dā），形容水滴落下的声音。也作嘀嗒。

69. 滴答（dī·dā），成滴地落下。也作嘀嗒。

70. 调包，也作掉包。

71. 跌宕（跌荡）。

72. 杜衡，也作杜蘅。

73. 度量，指能宽容人的限度。也作肚量。

74. 遁词，也作遁辞。

75. 蛾眉，也作娥眉。

76. 蛾眉月，也作娥眉月。

77. 二乎，也作二忽。

78. 二黄（二簧）。

79. 二心（贰心）。

80. 发愤，决心努力。也作发奋。

81. 烦冗，也作繁冗。

82. 烦琐，也作繁琐。

83. 烦言，烦琐的话。也作繁言。

84. 繁乱，（事情）多而杂乱。也作烦乱。

85. 繁难，也作烦难。

86. 繁衍（蕃衍）。

87. 繁杂，也作烦杂。

88. 反照，也作返照。

89. 飞短流长，也作蜚短流长。

90. 飞语，也作蜚语。

91. 愤愤（忿忿）。

92. 风瘫（疯瘫）。

93. 俯首帖耳，也作俯首贴耳。

94. 讣闻，也作讣文。

95. 干号，也作干嚎。

96. 高才生，也作高材生。

97. 隔三岔五，也作隔三差五。

98. 哽咽，也作梗咽。

99. 工夫茶，也作功夫茶。

100. 勾画（勾划）。

101. 勾连（勾联）。

102. 钩心斗角，也作勾心斗角。

103. 孤苦伶仃（孤苦零丁）。

104. 故步自封，也作固步自封。

105. 故技，也作故伎。

106. 皈依，也作归依。

107. 瑰玮，也作瑰伟。

108. 馃子，也作果子。

109. 含义，也作涵义。

110. 号哭，也作嚎哭。

111. 号啕，也作号咷、嚎啕、嚎咷。

112. 浩渺（浩淼）。

113. 合页，也作合叶。

114. 和事佬，也作和事老。

115. 饸饹，也作合饹。

116. 红装，也作红妆。

117. 红运，也作鸿运。

118. 宏图（弘图、鸿图）。

119. 宏愿（弘愿）。

120. 宏旨（弘旨）。

121. 洪福（鸿福）。

122. 皇历，也作黄历。

123. 恢宏，也作恢弘。

124. 会演，也作汇演。

125. 昏着儿，也作昏招儿。

126. 浑水摸鱼（混水摸鱼）。

127. 佶屈聱牙，也作诘屈聱牙。

128. 疾恶如仇，也作嫉恶如仇。

129. 纪录：在一定时期、一定范围以内记载下来的最高成绩。也作记录。

130. 纪录片儿，也作记录片儿。

131. 交代：把事情或意见向有关的人说明；把错误或罪行坦白出来。也作交待。

132. 叫作，也作叫做。

133. 就座（就坐）。

134. 看作，也作看做。

135. 蜡梅，也作腊梅。

136. 瘌痢，也作鬎鬁、癞痢。

137. 蓝莹莹，也作蓝盈盈。

138. 狼藉（狼籍）。

139. 里勾外连，也作里勾外联。

140. 莲雾，也作连雾。

141. 两相情愿，也作两厢情愿。

142. 令爱，也作令嫒。

143. 流言蜚语，也作流言飞语。

144. 榴梿，也作榴莲。

145. 录像（录象、录相）。

146. 沦没，也作沦殁。

147. 啰唆，也作啰嗦。

148. 马蜂（蚂蜂）。

149. 杧果，也作芒果。

150. 美元，也作美圆。

151. 门闩，也作门栓。

152. 秘籍，也作秘笈。

153. 明器，也作冥器。

154. 磨不开，也作抹不开。

155. 磨得开，也作抹得开。

156. 泥子，也作腻子。

157. 藕荷，也作藕合。

158. 爬灰，也作扒灰。

159. 爬犁，也作扒犁。

160. 攀缘，也作攀援。

161. 噼里啪啦，也作劈里啪啦。

162. 噼啪，也作劈啪。

163. 皮黄，也作皮簧。

164. 胼胝，也作跰胝

165. 漂泊（飘泊）。

166. 漂浮：形容工作、学习等不踏实，不深入。也作飘浮。

167. 缥缈，也作飘渺。

168. 日元，也作日圆。

169. 舢板（舢舨）。

170. 上首：位置较尊的一侧。也作上手。

171. 申雪（伸雪）。

172. 申冤：洗血冤屈。也作伸冤。

173. 神经元，也作神经原。

174. 神神道道，也作神神叨叨。

175. 拾遗补阙，也作拾遗补缺。

176. 婷婷：形容人或花木美好。也作亭亭。

177. 同人，也作同仁。

178. 托词，也作托辞。

179. 挽词，也作婉辞。

180. 微词，也作微辞。

181. 文身，也作纹身。

182. 下三烂，也作下三滥。

183. 下首：位置较卑的一侧，就室内说，一般指靠外的或靠右的（左右以人在室内而脸朝外时为准）。也作下手。

184. 翔实，也作详实。

185. 消夜，也作宵夜。

186. 小题大做（小题大作）。

187. 训诫（训戒）。

188. 夜宵（夜消）。

189. 义正词严，也作义正辞严。

190. 荫翳，也作阴翳。

191. 银圆，也作银元。

192. 莜麦，也作油麦。

193. 莜麦菜，也作油麦菜。

194. 鱼汛，也作渔汛。

195. 瑜伽，也作瑜珈。

196. 做证，也作作证。

197. 作秀，也作做秀。

198. 孜孜（孳孳）。

199. 属望：期望；期待。也作瞩望。

200. 祝词，也作祝辞。

主要参考文献

[1] 张玉崑 . 科技编辑实务 [M]. 北京：北京工业大学出版社，2005.

[2] 余敏 . 出版学 [M]. 北京：中国书籍出版社，2002.

[3] 张积玉 . 编辑学论稿 [M]. 北京：中国社会科学出版社，2004.

[4] 阙道隆，等 . 书籍编辑学概论 [M]. 沈阳：辽宁教育出版社，1996.

[5] 江建名 . 著编译审校指南 [M]. 合肥：中国科技大学出版社，1988.

[6] 徐柏容，等 . 期刊编辑学概论 [M]. 沈阳：辽宁教育出版社，1995.

[7] 中国学术期刊（光盘版）编辑委员会规范化工作组 . 中国学术期刊（光盘版）检索与评价数据规范 [M].1998.

[8] 周继良 . 图书分类学 [M]. 武汉：武汉大学出版社，1992.

[9] 张积玉 . 学术论文写作导论 [M]. 西安：陕西人民教育出版社，1994.

[10] 中共中央党校文史教研室资料组，毛泽东的写作理论与实践 [M].1985.

[11] 童庆炳 . 文学概论新编 [M]. 北京：北京师范大学出版社，1995.

[12] 吴添汉 . 编辑应用写作 [M]. 沈阳：辽宁教育出版社，1995.

[13] 张得友，等 . 现代编辑应用文体 [M]. 北京：海洋出版社，1992.

[14] 广东省教育厅教材编审室语言文学应用规范手册 [M]. 广州：暨南大

学出版社，1998.

[15] 陈合宜 . 写作与编辑 [M]. 广州：暨南大学出版社，2003.

[16]〔美〕格罗斯 . 编辑人的世界 [M]. 北京：中国工人出版社，2000.

[17] 赵家壁 . 编辑忆旧 [M]. 北京：生活·读书·新知三联书店，1984.

[18]〔美〕多萝西·康明斯 . 编著与作者之间——萨克斯·康明斯的编辑艺术 [M]. 北京：新华出版社，1985.

[19] 黄鸿鸿森 . 报刊纠错例说——写给编辑记者的书 [M]. 北京：语文出版社，2001.

[20] 黄津孚 . 学位论文写作与研究方法 [M]. 北京：经济科学出版社，2000.

[21] 陈仁风 . 现代杂志编辑学 [M]. 北京：中国人民大学出版社，1995.

[22] 黄治正 . 图书编辑学 [M]. 长沙：湖南出版社，1997.

[23] 科技情报司 . 科学技术期刊编辑出版工作文件选编 [M]. 成都：四川科学技术出版社，1993.

[24] 蓝鸿文 . 新闻采访学 [M]. 北京：中国人民大学出版社，2011.

[25] 王晓光 . 期刊编辑与制作 [M]. 武汉：武汉大学出版社，2014.

[26] 教育部语言文字信息管理司 . 常用语言文字规范手册 [M]. 北京：商务印书馆，2016.

[27] 尹玉吉 . "期刊" 概念的知识考古 [N]. 中国社会科学报，2011-02-01.

[28] 李英红 . 中国女性期刊的生存与发展研究 [D]. 成都：四川大学硕士学位论文，2004.

[29] 严安 . 读者是编辑工作的核心——浅谈编辑的起源及如何做好新时

期编辑工作 [J]. 学术论坛，2010，（11）.

[30] 吴平 . 编辑思想的实践性探讨 [J]. 中国编辑研究，2014，（07）.

[31] 吉畅 . 浅谈编辑职业能力和素养的培养 [J]. 长春教育学院学报，2011，（01）.

[32] 李文邦 . 青年毛泽东编辑实践与编辑思想研究 [D]. 武汉：武汉大学博士学位论文，2014.

[33] 严学军 . 编辑能力刍议 [J]. 出版科学，2017，（02）.

[34] 鲁玉玲 . 论期刊编辑亟待加强的几种意识 [J]. 山东农业管理干部学院学报，2007，（02）.

[35] 杨晓荧 . 浅议"编辑与作者"[J]. 天津医科大学学报，1996，（05）.

[36] 赫桂祥 . 稿件校对一般常识 [EB/OL].http：//blog.sina.com.

[37] 张积玉 . 编辑规范综论 [J]. 四川大学学报：哲学社会科学版，2003，（05）.

[38] 张积玉 . 编辑法律规范论略 [J]. 兰州大学学报，2002，（04）.

[39] 全国人大常委会关于修改著作权法的决定 [N]. 陕西政报，2002-05-31.

[40] 中华人民著作权法 [N]. 浙江政报，2002-03-10.

[41] 毛吉军 ."一稿多投"的争议及其治理探析 [J]. 特区实践与理论，2017，（12）.

[42] 石幸利 . 学术期刊的装帧设计与编排规范 [J]. 重庆交通大学学报：社会科学版，2012，（5）.

[43] 张积玉 . 学术论文摘要的写作编辑规范 [J]. 吉林大学社会科学学报，1993，（03）.

[44] 徐健.试论文前摘要的编写规范 [J].皖西学院学报，2007，（03）.

[45] 王晋玲.高校学报稿件规范化的几个问题 [J].常熟高专学报，2001，（05）.

[46] 高巍.学术论文英文摘要编辑规范 [J].2011，（06）.

[47] 宋晋生.浅谈医学科研论文中的中图分类号及文献标识码的应用 [J].卫生职业教育，2004，（2）.

[48] 本刊编辑部.科技期刊参考文献著录符号 [J].山西煤炭，2015，（03）.

[49] 王艳.新旧版参考文献著录规则比较分析 [J].出版与印刷，2016，（06）.

[50] 杜生权.学术论文参考文献序号标注与标点符号的位置关系研究 [J].出版与印刷，2018，（3）.

[51] 王一民.学习《新标点符号》应注意的地方 [N].语言文字周报，2012-07-10.

[52] 张诗云.美国留学生汉语标点符号使用偏误分析 [D].长沙：湖南师范大学硕士学位论文，2014.

[53] 徐令德.排版知识问答（一）[J].中国编辑，2012，（07）.

[54] 陈原.街头文化带来启迪 [N].人民日报，2010-01-08.

[55] 徐家永."即"和"既"辨析 [N].语言文字周报，2012-09-05.

[56] 文有仁.说"前""原"[J].秘书工作，2006，（06）。

[57] 张菁，隽永.乍闻音酷似，细品味异同——同、近异形熟语荟萃（二十七）[J].天津教育，2011，（08）.

[58] 邹志刚.音乐欣赏中的审美心理定势 [J].艺术百家，2013，（12）.

[59] 张菁，隽永.乍闻音酷似，细品味异同——同、近异形熟语荟萃（一）[J].天津教育，2008，（06）.

[60] 张菁，隽永.乍闻音酷似，细品味异同——同、近异形熟语荟萃（三十九）[J].天津教育，2011，（08）.

[61] 一江春水.《现代汉语词典》（第6版）首选词集锦 [EB/OL].http：//biog.sina.com.访问日期：2018-03-07.

[62] 关俊红.《现代汉语词典》凡例对比研究 [J].求索，2008，（05）.

[63] 陈德三.有关异形词整理的几个问题 [J].厦门理工学院学报，2009，（03）.

[64] 刘建梅.《现代汉语词典》轻声、非轻声通行词条研究 [J].青岛：青岛大学硕士学位论文，2010.

[65] 舒似竹.图稿处理的新技术应用 [J].中国科技期刊研究，1999，（10）.

[66] 高扬.全媒体出版趋势下学术期刊编辑的角色定位 [J].农场经济管理 2017，（05）.

[67] 付一静.学术期刊编辑信息不对称的危害及抑制 [J].太原师范学院学报（社会科学版），2017，（03）.

[68] 贾淑萍.浅析学术期刊编校工作质量强化的策略 [J].内蒙古科技与经济，2017（2）.

[69] 陈国剑.学术期刊编辑应有的工作态度 [J].南阳师范学院学报，2016，（06）.

[70] 张新颜.坚持并增强学术期刊编辑的文化自信 [N].中国社会科学报，2014-09-1.

[71] 文后参考文献著录格式 [J]. 科普研究，2017，（06）.

[72] 徐尔兵. 编辑队伍学历、价值、地位的认识误区 [J]. 编辑之友，2000，（03）

[73] 戴文葆. 编辑与编辑学——为《中国大百科全书·出版卷》而作 [J]. 编辑之友，1991，（3）.

[74] 包湘蓉，侯萍. 论科技期刊编辑的创新意识 [J]. 技术与市场，2010，（04）.

[75] 刘曙光. 社科学术期刊的发展现状及展望 [J]. 岭南学刊，2017，（07）.

[76] 鲁翠涛. 医学期刊的著作权问题分析 [J]. 中国出版，2009，（03）.

[77] 李艺. 科技期刊与科技论文作者著作权保护的思考 [J]. 编辑学刊，2013，（03）.

[78] 潘香春. 浅谈文前内容摘要的写作 [J]. 应用写作，2001，（03）.

[79] 王忠双. 略谈文前摘要的撰写 [J]. 吉林省经济管理干部学院学报，2003，（12）.

[80] 于佩琴. 关于高校社科学报编排规范化的思考 [J]. 承德民族师专学报，1999，（05）.

[81] 韩颖. 本科毕业生论文中文摘质量调查——以某高校 2016 届本科毕业论文为例 [J]. 吉林省教育学院学报，2018，（03）.

[82] 张玉斌. 浅议环境类论文摘要编写的规范化 [J]. 环境保护与循环经济，2018，（01）.

[83] 张蓓，刘民坤. 我国都市农业旅游演进轨迹与发展机制 [J]. 江苏农业科学，2013，（01）.

[84] 张积玉，王钜春.试论社会科学期刊论文的分类标引 [J].吉林大学社会科学学报，1999，（05）.

[85] 邱崇丙，游柯.书目与文献 [N].中国科技信息，2010-06-15.

[86] 陈文娟.湖北图书馆信息生态系统平衡研究 [D].武汉：华中师范大学硕士学位论文，2012.

[87] 参考文献新标准 [J].口腔医学，2018，（04）.

[88]《造纸科学与技术》投稿规范 [J].造纸科学与技术，2018，（01）.

[89]《吉林大学学报（理学版）》投稿简则 [J].吉林大学学报（理学版），2018，（01）.

[90] 红笺一叶.《标点符号用法》完整版 [EB/OL].http：//biog.sina.com.访问日期：2018-03-07.

[91] 平和自然.高考标点符号用法复习 [EB/OL].http：//biog.sina.com.访问日期：2018-03-17.

[92] 夏之放.灵感三题议 [J].中国美学研究，2007，（2）.

[93] 张育泉.异形词整理例释 [J].语文建设，2001，（3）.

后 记

　　未干编辑的时候，以为编辑就是一个校对，有一定的文字功底就可以了；干了编辑以后，才知道了这一认识的肤浅。不懂就要学习，从事期刊编辑工作近二十年来，我阅读了大量的编辑出版专业的相关书籍，对出版学、编辑学、期刊编辑学等有了一些粗浅的认识。在此基础上，参考一些相关文献资料，写成了此书。根据自己的经验，对一个编辑需要了解的部分内容在书中进行了探讨，以期对广大编辑工作者的实际工作有所帮助。限于水平和能力，书中的错误及不妥之处在所难免，敬请读者批评指正。

鲁玉玲